TRAITÉ

ÉLÉMENTAIRE

D'IDÉOLOGIE

GRAMMATICALE.

Falaise,

CHEZ LEVAVASSEUR, PLACE TRINITÉ, 13.

1842.

TRAITÉ

ÉLÉMENTAIRE

D'IDÉOLOGIE GRAMMATICALE.

C.

TRAITÉ

ÉLÉMENTAIRE

D'IDÉOLOGIE GRAMMATICALE.

Dans ce Traité, fondé sur l'observation et sur l'analyse, l'auteur prend l'homme au berceau et le suit dans la manifestation de ses premières sensations, dans la perception de ses premières idées, dans l'acquisition successive de ses connaissances et dans l'invention des signes nécessaires pour les conserver et pour les communiquer. Chaque Chapitre se termine par une réfutation des principales erreurs des Grammairiens.

> Ce que nous appelons méthode d'invention n'est autre chose que l'analyse. C'est elle qui a fait toutes les découvertes..., C'est elle qui a fait les langues..... C'est elle qui donne des idées exactes.
>
> CONDILLAC.

PAR LEMENEUR-DORAY,

Vice-Président du Comité supérieur d'Instruction et de la Section académique de la Société académique, agricole et industrielle de l'arrondissement de Falaise, ancien Professeur.

PRIX : 1 FRANC.

Falaise,

DE L'IMPRIMERIE DE LEVAVASSEUR, PLACE TRINITÉ, 13.

1842.

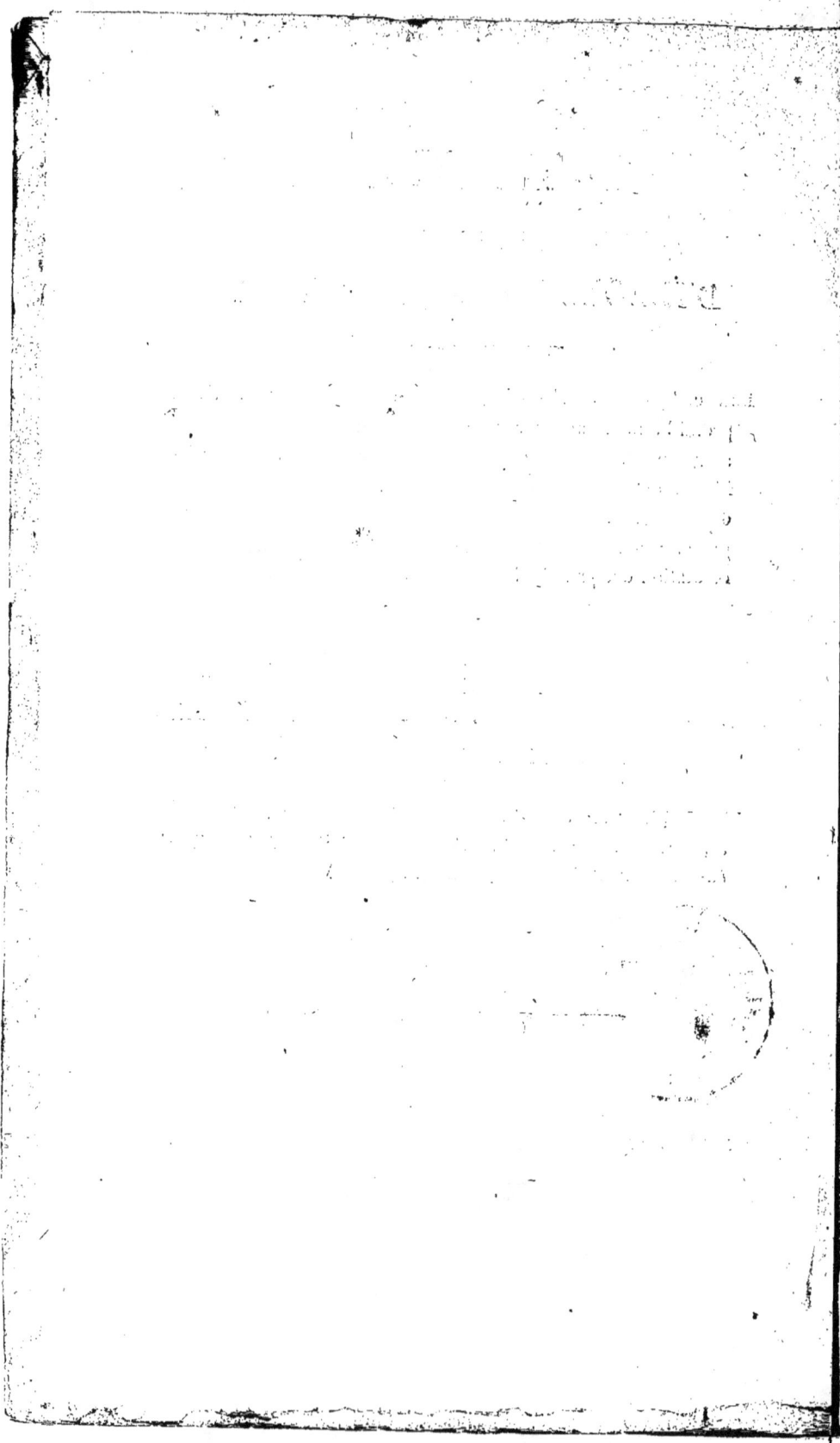

TRAITÉ

ÉLÉMENTAIRE

D'Idéologie grammaticale,

Par LEMENÉUR-DORAY,

Vice-Président du Comité d'Instruction et de la Section académique de la Société académique, agricole et industrielle de l'arrondissement de Falaise.

L'IDÉOLOGIE est la première partie de la grammaire. Elle considère les mots relativement aux différentes espèces d'idées qu'ils rappellent. Les idéologistes doivent prendre l'homme au berceau pour observer la manifestation de ses premières sensations, la perception de ses premières idées et l'acquisition incessante de ses connaissances. Cette partie philosophique de la grammaire exige des études sérieuses, des observations faites avec sagacité, et une grande habitude de l'analyse. Un pareil travail, on le sent parfaitement, ne peut être du goût de nos grammatistes, qui ne veulent pas s'astreindre à réfléchir; qui se servent moins de leurs plumes que de leurs ciseaux, et qui s'ingénient seulement à trouver des titres pompeux et trompeurs qui puissent leur procurer un grand débit de leurs traités d'emprunt. Aussi, dans le nombre presque infini de grammaires qu'on publie de nos jours, remarque-t-on généralement l'absence complète de toute saine idéologie. Cependant l'idéologie est la base de l'art de la parole; c'est par elle qu'il s'élève au rang des sciences. Un traité élémentaire d'idéologie nous semble donc d'une nécessité indispensable. Nous appelons de tous nos vœux une semblable publication; mais, en attendant qu'un grammairien philosophe s'en occupe, nous avons pensé que nous ferions une chose utile, en publiant un essai dans lequel se trouveraient réunis, coordonnés et complétés les principes idéologiques que nous avons exposés dans notre examen de la grammaire de MM. Noël et Chapsal.

Chapitre 1.er

De l'Interjection et du Nom.

L'enfant, avant d'avoir perçu des idées, avant, par conséquent, de connaître les signes qui les représentent, éprouve des sensations intérieures qu'il manifeste par des cris. Ces cris, qui ne sont rien autre chose que nos diverses interjections, et qui sont partout radicalement les mêmes, parce que la nature ne change pas avec le climat, varient selon que l'enfant éprouve des sensations de douleur, de plaisir, de tristesse, de joie, etc. Il les pousse par un instinct irrésistible, par un effet spontané de l'organe vocal. Ils forment le langage primitif, le langage indécomposé, interjectif, qui diffère peu des cris des animaux, et qui précède nécessairement le langage analysé; puisque ce dernier langage, ainsi qu'on le verra bientôt, présuppose beaucoup d'observations faites, beaucoup de connaissances acquises. Chaque cri, chaque interjection exprime un sentiment et ne peut se traduire que par une phrase entière. C'est donc par l'interjection que doit commencer toute grammaire méthodique, et c'est faute d'avoir consulté la nature que presque tous les grammairiens la rejètent à la fin.

Tant que l'enfant ne fait aucun mouvement, tant qu'il ne promène ses mains ni sur son corps, ni sur les corps qui l'environnent, il ignore l'existence de son corps et celle des corps étrangers. Mais dès qu'il pourra se mouvoir, et faire usage de ses sens, tout changera pour lui. Cet être, qui n'existait, pour ainsi dire, que machinalement, qui ignorait une partie de son existence, et qui ne soupçonnait pas même celle des objets extérieurs, acquerra en très-peu de temps cette double connaissance, source de toutes les autres.

En effet, qu'il viène à se mouvoir, qu'en se mouvant il éprouve une sensation qu'il désire prolonger, et qu'il rencontre un obstacle qui arrête son mouvement; il reconnaîtra aussitôt que la résistance qu'il éprouve n'est pas un effet de sa volonté, puisqu'il désire la continuation de son mouvement et de la sensation que ce mouvement lui faisait éprouver. Il sent qu'il existe une cause qui suspend l'exercice de sa volonté; mais il ne peut la découvrir à l'instant, parce qu'il ne connaît encore, ni l'existence de son corps, ni celle des corps étrangers. Cependant il ne pourra répéter plusieurs fois la même action, sans finir par toucher le corps résistant, par le presser, par promener sa main sur ses différentes faces, et par s'appercevoir qu'il est limité, et que s'il ne peut passer au travers de ce corps, il peut du moins passer à côté et continuer son mouvement. Dès-lors il aura l'idée d'un objet extérieur qui contrariait sa volonté en arrêtant son mouvement. Cet objet fixera son attention; il remarquera qu'en le touchant, qu'en promenant sa main sur ses différentes faces, il éprouve des sensations tactiles diverses, selon que ce corps est rude ou poli, chaud ou froid, etc. Il ne manquera pas non plus de toucher son corps, mais en le touchant, il sera frappé d'une différence bien sensible, bien étonnante pour lui. Il remarquera qu'en touchant les autres corps il n'éprouve qu'une sensation que sa main lui communique, tandis qu'en touchant son corps, il en éprouve deux, dont l'une lui est transmise par sa main, et l'autre par la partie touchée de son corps. Cette expérience, que sa curiosité naturelle l'engagera à répéter, lui fera connaître que les corps qui ne lui occasionnent qu'une sensation transmise par l'organe du toucher, lui sont étrangers, et que le corps unique qui lui fait éprouver deux sensations chaque fois qu'il le touche, lui appartient et fait partie de son être. C'est ainsi qu'à l'aide de la locomotion et du toucher il acquiert la connaissance de son corps et celle de l'existence des objets extérieurs. Dès ce moment l'univers cesse d'être pour lui un tout indivisible. Il se divise, pour notre observateur, en l'*être-moi* et l'*être-non-moi*, ou en *moi* et *cela*. Voilà une première décomposition, une première analyse qui sera la source féconde de toutes les connaissances qu'il acquerra dans la suite. Maintenant qu'il est entré dans la voie de l'analyse, il va continuer ses décompositions. *Cela* ou l'*être-non-lui*, l'être étranger, va se décomposer en *toi*, *lui*; en *table*, *chaise*, *maison*; et plus tard en *ciel* et *terre*; le ciel en *soleil*, *lune*, *étoiles*; la *terre* en plaines, montagnes, vallées, etc., etc.

En multipliant ses décompositions, notre jeune observateur acquerra rapidement la connaissance d'un grand nombre de substances; mais il les oubliera bientôt, faute de signes qui puissent les lui rappeler, quand elles sont absentes. C'est alors qu'excité par le désir de conserver les connaissances qu'il a acquises, il inventera les noms (1) (si toutefois cette invention est possible à l'homme), ou qu'ils les recevra *nécessairement* de ses semblables, si, comme le pense J. J. Rousseau, « la parole a été nécessaire à l'institution de la parole. » Sans nous occuper de ces opinions, qui sont vivement controversées, et que les limites que nous nous sommes tracées ne nous permettent pas de discuter, nous supposerons, sous toutes réserves, et sans entendre rien préjuger, que cette invention est possible. Nous ne faisons cette supposition que parce qu'il faut de toute nécessité adopter, du moins hypothétiquement, l'une de ces opinions, et que le choix en est pour nous assez indifférent, puisque, dans l'une ou l'autre hypothèse, la marche de l'esprit humain est toujours la même.

---

(1) Le *nom* vient du latin *nomen*, syncope de *notamen*, composé de *nota*, signe, et de *men*, chose, objet. Ainsi, d'après son étymologie, le nom signifie *signe d'une chose*, *d'un objet*. Le nom est effectivement le signe de rappel de l'objet auquel il a été imposé.

Dans le langage grammatical, on emploie indifféremment le terme de *nom* ou de *substantif*, parce qu'on appelle *substances* tous les êtres réels ou fictifs.

Cela posé, les premiers noms que notre observateur inventera seront les substantifs relatifs à l'acte de la parole, parce que, né pour vivre en Société, il sentira d'abord le besoin de communiquer ses pensées à ses semblables et le désir de connaître les leurs. Il se désignera donc par un nom qui signifiera *moi*, et désignera celui auquel il adressera la parole par un autre nom qui signifiera *toi*; enfin il désignera l'objet dont il parlera par un troisième mot qui signifiera *cela*.

Les seconds noms qu'il inventera seront les noms propres ou individuels, parce qu'on ne commence à généraliser qu'après avoir observé plusieurs individus de la même espèce. Qu'il voie, par exemple, pour la première fois, une poire, une pomme, une pêche, et qu'il donne ces trois noms à ces trois fruits; ces noms seront évidemment les noms propres de cette première poire, de cette première pomme, de cette première pêche. Qu'il en voie d'autres en suite; leur ressemblance avec les premières l'engagera à leur donner les mêmes noms. C'est ainsi que les noms propres deviènent des noms communs ou noms d'espèces

En continuant ses observations, en examinant plus attentivement des poires, des pommes, des pêches, etc., il découvrira dans ces objets une propriété commune qui le portera à les désigner par un nom générique, celui de *fruit*, par exemple.

Il est une cinquième espèce de noms qui n'a pu être inventée qu'après le modatif Nous la ferons connaître en son lieu.

Chapitre 2.

Du Modatif ou Modificatif inerte.

Supposons maintenant que notre observateur se promène dans un jardin. Quelle variété de connaissances il va acquérir dans cette promenade! Ici, c'est un cerisier chargé de cerises mûres qui s'offre à sa rencontre. Les rayons lumineux qui partent des cerises représenteront sur sa rétine l'image de ces fruits au vif et brillant coloris, et lui en indiqueront la forme et la couleur. Craint-il d'être séduit par une vaine apparence? il s'approche des cerises, les touche, les presse, et s'assure par ce moyen de la réalité de ces fruits et de leur forme. C'est ainsi qu'un sens, et surtout le toucher, confirme ou rectifie le témoignage d'un autre sens. Il conclut du témoignage du toucher et de la vue que la cerise est *arrondie* et *colorée*.

Que frappé de la beauté de ces fruits, il en cueille un et le porte instinctivement à sa bouche. Aussitôt, à l'aide de la mastication, les parties sapides de la cerise touchent les papilles de la langue et la membrane muqueuse du palais de notre observateur, et lui procurent une sensation agréable dont il rapporte la cause à la cerise. Il conclut de cette expérience que la cerise est sapide.

Là, c'est un rosier, chargé de roses, qui frappe ses regards. Les molécules odorantes qui s'exhalent du sein de ces fleurs, se répandent dans son nez, en touchent la membrane olfactive, et lui causent une sensation très-agréable, dont il rapporte la cause au rosier. Cependant, il n'en est pas bien certain, car un autre arbuste pourrait produire la même odeur. Pour lever ses doutes, il s'éloigne du rosier, aussitôt la sensation s'affaiblit et finit par cesser entièrement. Il revient sur ses pas, la sensation renaît et augmente à mesure qu'il se rapproche du rosier. Il conclut de là que c'est bien le rosier qui est la cause de l'odeur suave qu'il respire. C'est une erreur, mais il ne va pas tarder à se désabuser et à reconnaître que cette conséquence, qu'il croit bien déduite, n'est rien moins que juste. En effet, charmé de l'éclat, de la beauté des roses, il en cueille une et l'emporte. En s'éloignant du rosier, il s'apperçoit, à son grand étonnement, que l'odeur ne cesse pas de se faire sentir, qu'elle l'accompagne partout où il va. Il réforme son premier jugement, et pense que ce sont les roses qui répandent cette odeur qui lui semble si suave ; mais, devenu plus circonspect, il se tient en garde contre les jugemens précipités, et n'ose affirmer que cette odeur ne provient pas aussi du rosier. Pour fixer son opinion sur ce point, il retourne au rosier, en détache une branche sans roses, l'emporte et s'assure ainsi que le rosier ne répand pas cette odeur. C'est alors, et seulement alors, qu'il juge avec certitude que l'odeur ne s'exhale que des roses.

Plus loin, une bruyante cascade arrête ses pas. Les rayons sonores, qui partent de la cascade, communiquent leurs vibrations au tympan de notre observateur ; cette membrane les transmet à son nerf auditif qui lui procure la perception d'un bruit qu'il croit produit par la cascade. Cette fois, il se montre plus sage, il ne fait que croire ; car il sait maintenant qu'il ne doit porter de jugemens qu'après avoir fait des observations suffisantes. Pour s'assurer si sa conjecture est vraie, si le son provient réellement de la cascade, il s'en éloigne et s'apperçoit que le bruit diminue continuellement, et qu'il finit par n'être plus entendu. Il retourne ensuite vers la cascade, le bruit recommence à se faire entendre, et se fortifie à mesure qu'il s'avance. Il conclut de là qu'il ne s'était pas trompé, que c'est bien la cascade qui produit ce son, que c'est elle qui est sonore.

Cédant à sa curiosité naturelle, notre observateur répétera, sur un grand nombre de substances, des expériences analogues à celles que nous venons de décrire, et découvrira ainsi les *modes* ou *manières d'être* de ces substances. Ayant appris, comme nous l'avons vu dans le chapitre précédent, qu'il lui faut des signes pour fixer ses idées, pour se les rappeler, il inventera donc des mots qui rappelleront les *modes* des substances, et leur donnera en conséquence le nom de *modatifs* (1).

En continuant ses observations, il s'avancera rapidement dans la voie des découvertes, et ne tardera pas à s'élever jusqu'aux abstractions. En effet, après avoir vu, par exemple, des lis blancs, des narcisses blancs et autres objets blancs, il pourra remarquer que, s'il ne peut séparer réellement le blanc des substances dans lesquelles il l'apperçoit, il le peut du moins par la pensée. Il verra que rien ne l'empêche de comparer le blanc du lis au blanc du narcisse, sans s'occuper des autres modes de ces deux fleurs, et de juger, par exemple, que le blanc du lis est plus brillant que celui du narcisse. Il remarquera aussi qu'il peut également, par la pensée, substantifier les modes, et les représenter ensuite par des noms, comme s'ils étaient des objets réels ; qu'il lui suffira, pour former ces noms, de donner au modatif une terminaison substantive, de changer, par exemple, *blanc* en *blancheur*, *long* en *longueur*, &c.

C'est ainsi que, par de pures abstractions, notre observateur créera une multitude de substances. Quoique ces substances abstraites n'aient d'existence que dans son esprit, elles deviendront le sujet de ses discours aussi bien que les objets les plus réels. Ainsi, en parlant du lis, il pourra dire : Sa blancheur est *éclatante, éblouissante*, &c.

Les modes n'ont pas d'existence propre ; ils sont toujours contenus dans les substances, et l'on ne saurait les en séparer sans détruire les substances. Prenez, par exemple, un rectangle de quatre mètres de long sur deux mètres de large ; ôtez-lui sa longueur de quatre mètres et sa largeur de deux mètres, et ce rectangle cessera d'exister.

Cependant, pour rendre les modes sensibles, pour en faire le sujet de ses entretiens, notre observateur doit trouver un moyen de les séparer, du moins fictivement, des substances qui les contiennent.

Comme nous n'écrivons pas un traité de linguistique, que nous nous proposons seulement de découvrir les véritables éléments du langage, et de tracer la marche naturelle qu'on doit suivre dans l'enseignement de l'idéologie, nous ne nous occuperons

---

(1) *Modatif*, signe de mode. On se sert dans le même sens du terme de *modificatif*, quoique ces deux mots ne soient pas parfaitement synonymes ; car les modes d'une substance sont ses manières d'être naturelles, tandis que ses modifications sont le résultat des changements opérés dans ses modes.

D'après cette explication, le terme de *modatif* semblerait plus propre à exprimer les manières d'être naturelles, permanentes, et le terme de *modificatif* plus propre à exprimer les manières d'être accidentelles, passagères.

pas des différens moyens qu'on a successivement employés pour peindre la parole et pour la fixer d'une manière durable. Nous supposerons donc que notre observateur connaît l'écriture, et nous examinerons comment, dans cette hypothèse, il pourra faire connaître ce qu'il aura vu dans les objets. Supposons, par exemple, qu'il ait vu un homme brun. Voici comment, suivant l'abbé Sicard, il pourra procéder : Il écrira le modatif *brun* dans le substantif *homme*, H b O r M u M n E. De cette manière, le modatif est contenu dans le substantif comme le mode l'est dans la substance. La similitude est parfaite. Il considérera ensuite que si les modes permanents sont inséparables des substances, il n'en est pas de même des signes qui les représentent ; car les signes qui rappellent les modes, étant distincts des signes qui rappellent les substances, il pourra, sans craindre aucune confusion, les montrer séparément, en ayant soin d'employer un lien qui les unisse, ou en donnant au modatif une forme qui indique à quel substantif il appartient.

Ainsi, au lieu de H b O r M u M n E,

il pourra écrire : $\left\{ \begin{matrix} \text{H} & \text{O} & \text{M} & \text{M} & \text{E,} \\ \text{b} & \text{r} & \text{u} & \text{n.} & \end{matrix} \right\}$

en abaissant le modatif *brun* suivant des lignes verticales. De cette manière, quoique le modatif reste attaché au substantif par les lignes verticales, il n'en est pas moins montré comme abstrait, comme séparé ; de sorte que le *brun* qui n'existe que dans l'homme, peut être considéré comme existant hors de cette substance. Si notre observateur veut affirmer que ce mode y est contenu, il lui suffira de remplacer les lignes verticales par la juxta-position, qui est le plus simple des liens, et d'écrire *homme brun*.

Voilà les deux principaux éléments du langage trouvés, les deux seuls même, suivant Lemare et les autres partisans du système binaire ; car il n'y a, disent-ils, que des substances dans la nature, et des modifications dans les substances. Il ne peut donc y avoir dans le discours que deux sortes de mots : le substantif et le modificatif.

Cela est vrai, tant qu'on se contente de considérer les êtres pris isolément, comme des touts concrets qu'on décompose ; mais cela cesse de l'être, dès qu'on les considère dans leurs manières d'être ou d'agir entre eux. Alors on remarque des rapports qui ne font point partie de leur substance, et qui ne la modifient en rien. Voilà donc une troisième espèce d'idées qui exigera une troisième espèce de mots pour être exprimée.

Que notre observateur voie, par exemple, une allouette qui vole *dans* un champ, qu'il entende une fauvette qui chante *sur* un arbre ; il pourra bien sentir, ainsi que nous le verrons dans le chapitre suivant, que l'action de *voler* est une modification passagère de l'allouette ; que celle de *chanter* est également une modification de la fauvette, et que les mots qui expriment ces actions sont par conséquent des modificatifs ; mais il sentira aussi que ces mots sont insuffisants pour indiquer les rapports de ces actions avec les lieux où elles s'exécutent. De là pour lui la nécessité de trouver une troisième espèce de mots qui puissent exprimer les idées de rapports.

Nous verrons, il est vrai, après avoir exposé tout ce qui concerne les substantifs et les modificatifs, qu'il est très-probable que la plupart des mots qui indiquent les rapports ont été primitivement des substantifs et des modificatifs, et qu'ils ne sont difficiles à reconnaître que parce qu'ils ont été dépouillés des formes par lesquelles ils exprimaient des idées accessoires. C'est principalement sur ce fait que s'appuie Lemare pour n'admettre que deux espèces de mots. Nous nous réservons de démontrer qu'on peut admettre ce fait, sans être forcé d'en tirer les mêmes conséquences.

Chapitre 3.

Des diverses sortes de Modatifs ou Modificatifs.

Jusqu'ici nous avons considéré la nature dans l'état de repos. Nous allons maintenant la voir en mouvement, en action, c'est-à-dire dans son état normal ; car le mouvement est l'âme de la nature. Ce changement de scène, qui animera le tableau, n'exigera pas de nouvelles espèces de mots, il donnera seulement naissance à plusieurs sortes de modificatifs.

Supposons que notre observateur se promène dans la campagne pour continuer ses études, pour remarquer tout ce qui frappera ses regards. Qu'il voie, par exemple, un vautour qui, *fendant* les airs, *poursuit* une colombe craintive ; des bœufs qui, *tirant* une charrue, *tracent* un pénible sillon ; et un lièvre *déchiré* par un chien cruel.

Supposons en outre qu'il puisse inventer les mots propres à peindre les actions qu'il voit, et qu'il se serve de ceux que nous avons employés. Il pourra remarquer que *fendant* et *poursuit* expriment deux modifications qui, quoique passagères, existent réellement dans le vautour, puisque ce sont ses manières d'être actuelles. Il fera la même remarque sur *tirant* et *tracent*, relativement aux bœufs. Les mots qu'il aura inventés pour exprimer ces modifications, seront donc des *modificatifs* ; mais comme ils énoncent des actions, ce seront des *modificatifs actifs*.

Notre observateur pourra ensuite remarquer une différence notable entre les deux sortes de modificatifs dont il vient de se servir. Les uns, comme *poursuit, tracent*, outre l'action qu'ils expriment, sont chargés d'idées accessoires, de temps, de mode, de nombre et de personne, ainsi que nous le verrons bientôt. Les autres, au contraire, en sont entièrement privés. S'il donne à ces derniers la dénomination de *modificatifs actifs simples*, ou de *modificatifs actifs*, il devra, pour différencier les premiers, et pour en indiquer la nature, les nommer *modificatifs actifs complexes*, ou simplement *modificatifs complexes*, ou enfin, pour se conformer à l'usage, en supposant qu'il le connaisse, leur donner la dénomination de *verbe*, mot qu'il faudra bien se garder de prendre dans l'acception ordinaire, sous peine de s'en former une très-fausse idée. En effet, les premiers grammairiens ne donnèrent le nom de *verbe* au modificatif complexe que parce qu'ils le considérèrent comme le mot principal de la phrase, comme le mot par excellence. La tourbe des grammatistes, espèce la plus moutonnière du monde, les crut sur parole, et répéta avec tant d'assurance que le verbe est le mot par excellence que personne ne se permit d'en douter. Pour paraître conséquents et pour assurer au verbe cette usurpation faite sur le substantif, qui est sans contredit le mot primordial, le mot principal de la phrase, celui auquel tous les autres se rapportent, les grammairiens donnèrent au substantif le nom de *sujet du verbe*. C'est un sujet bien étrange, en vérité, puisqu'il ne craint pas d'imposer la loi à son souverain, de le forcer à porter sa livrée et à changer de forme, toutes les fois qu'il lui plaît, à lui, de changer de rôle (1). Malgré l'absurdité palpable d'une pareille doctrine, on n'a pas cessé jusqu'à ce jour d'enseigner dans nos écoles que le substantif est le sujet du verbe.

Ce n'est donc point dans le sens de *mot par excellence*, mais de *mot verbeux*, ou à *nombreuses formes*, qu'on doit entendre la dénomination de *verbe*, donnée par notre observateur au *modificatif complexe*. Prise dans ce dernier sens, cette dénomination lui convient parfaitement, puisque, considéré, tant sous le rapport des nombreuses idées accessoires qu'il exprime, que sous le rapport de ses nombreuses désinences, le modificatif complexe est certainement le plus verbeux de tous les mots.

---

(1) Le verbe doit effectivement, suivant les règles impératives de la syntaxe, s'accorder en genre et en nombre avec son prétendu sujet, c'est-à-dire en recevoir la loi, en changeant de désinence toutes les fois que son sujet change de rôle. Cette dépendance, cette sujétion est bien plus marquée encore chez les Orientaux, qui donnent à ce modificatif une désinence propre à exprimer le genre ; de sorte que leurs verbes s'accordent avec le substantif en genre, en nombre et en personne.

Notre observateur pourra remarquer ensuite que le lièvre qu'il voit *déchiré* a subi aussi une modification très-réelle, et que le mot qu'il emploiera pour exprimer cette modification sera encore un modificatif ; mais, comme ce modificatif exprime une *passion*, c'est-à-dire une action soufferte, il devra recevoir la dénomination de *modificatif passif*

Il est une dernière sorte de modificatifs dont notre observateur sentira le besoin toutes les fois qu'il voudra déterminer, individualiser l'idée exprimée par un nom commun. Supposons, par exemple, qu'à la vue d'une table couverte de compas de différentes grandeurs, il dise : *Donnez-moi compas*, on ne saura s'il les veut tous, ou s'il n'en veut que quelques-uns, ou qu'un seul, ou que tel ou tel compas. Dans cette incertitude, on sera forcé de lui répondre qu'on ne sait pas précisément ce qu'il demande. Pour faire entendre sa pensée, il sera donc obligé d'inventer des mots qui tirent, suivant l'expression de Dumarsais, l'idée de compas de son indétermination comme nom d'espèce, et en fassent comme un nom propre. Supposons ces mots trouvés, notre observateur pourra dire alors, suivant ses différentes intentions :

> Donnez-moi *ce* compas.
> Donnez-moi *le* compas.
> Donnez-moi *un* compas.
> Donnez-moi *dix* compas.
> Donnez-moi *mon* compas.

Dans le premier exemple, il indiquera qu'il veut le compas qu'il montre, il individualisera le nom commun *compas* à l'aide du modificatif *ce*, de manière à ce qu'il soit aussi déterminé qu'un nom propre.

Dans le second exemple, il fera entendre, par le modificatif *le*, à celui auquel il s'adresse, qu'il veut le compas qu'ils connaissent l'un et l'autre, le compas, par exemple, dont ils vièrent de parler, le compas dont il a coutume de se servir, &c., &c.

Dans le troisième exemple, il déterminera le nom commun *compas* par l'idée d'unité, il restreindra l'idée de compas à ne plus signifier qu'un individu, pris dans la masse des compas.

Dans le quatrième exemple, il restreindra l'idée générale de compas à celle de dix individus, pris également dans la masse des compas.

Dans le cinquième exemple enfin, il fera connaître, par le modatif *mon*, que le compas qu'il veut est le sien, à l'exclusion de tout autre. Il le déterminera, il l'individualisera donc de la manière la plus précise.

Puisque les cinq modatifs, que nous venons d'examiner, déterminent l'étendue selon laquelle un nom commun doit être pris, notre observateur pourra donc les désigner par la dénomination de *modatifs déterminatifs*.

Remarques. 1.º Les rudimentaires donnent le nom de pronom au déterminatif *ce*. *Ce*, un pronom ! nous ne nous en serions jamais douté. De quel nom tient-il la place ? — D'aucun, assurément, puisque dans la phrase *donnez-moi ce compas*, le nom est écrit en toutes lettres, que c'est *compas*. *Ce* ne tient donc la place d'aucun nom, *ce* n'est donc pas un *pronom*.

2.º Ils prétendent que *le* est un article, mot qui signifie *jointure*. Que joint-il ? — Rien, de l'aveu même des articulistes. Il se joint, disent-ils, au substantif; mais cette propriété de se joindre au substantif lui est commune avec tous les modificatifs. Ce n'est donc pas une propriété spéciale qui puisse justifier cette dénomination. Ce qui caractérise ce modatif, c'est de déterminer, d'individualiser le substantif. C'est donc évidemment un *modatif déterminatif*.

3.º Ils enseignent ensuite que *un* est un article indéfini, un article qui ne détermine rien. Or, suivant la définition de Restaut, adoptée par les articulistes, « l'*article* est un mot qui, étant mis avant les noms, sert à déterminer l'étendue selon laquelle ils doivent être pris.» D'où il suit que l'article est un mot déterminatif. Or, admettre un article défini, c'est-à-dire qui détermine, et un article indéfini, c'est-à-dire qui ne détermine pas, c'est reconnaître qu'il y a des mots déterminatifs qui déterminent et des mots déterminatifs qui ne déterminent pas. C'est ainsi que les mêmes grammairiens, qui définissent la conjonction *une partie d'oraison qui joint les membres du discours*, enseignent qu'il y a des *conjonctions copulatives* et des *conjonctions disjonctives*, c'est-à-dire des conjonctions qui *lient*, qui *joignent*, et des conjonctions qui *délient*, qui *disjoignent*.

4.º Ils appellent nombres cardinaux les modificatifs *deux*, *trois*, *quatre*, *dix*, *cent*, &c., &c. Il est évident que ce sont des déterminatifs, puisqu'ils déterminent l'idée générale d'une espèce quelconque, en la restreignant à celle d'une quantité déterminée d'individus de cette espèce.

Cardinal, du latin *cardo*, gond, se dit, au figuré, de l'objet principal sur lequel roulent, en quelque sorte, tous les accessoires. Mais comment un mot, qui ne sert qu'à déterminer, qu'à restreindre l'idée générale, exprimée par un nom d'espèce, peut-il être considéré comme principal ? La dénomination de *cardinal* donnée aux déterminatifs numéraux doit donc être bannie de toute grammaire raisonnée.

5.º Ils prétendent enfin que *mon* est un pronom possessif. Comment ce mot peut-il être un pronom, puisque le nom, auquel il se rapporte et qu'il détermine, est toujours exprimé, comme dans la phrase donnez-moi *mon* compas ?

Puissent ces courtes observations, que notre sujet nous a suggérées, contribuer à rectifier les notions que nos enfants puisent dans les écoles !

RÉSUMÉ.

Il y a donc cinq sortes de MODIFICATIFS, savoir :

MODIFICATIF
{
INERTE OU QUALIFICATIF, *grand*, *petit*, *noir*, &c.
ACTIF, *frappant*, *déliant*, &c.
COMPLEXE OU VERBE, *frapper*, *délier*, &c.
PASSIF, *frappé*, *délié*, &c.
DÉTERMINATIF, *ce*, *le*, *un*, *deux*, *vingt*, *cent*, &c.; *mon*, *ton*, &c.
}

Chapitre 4.

Du nombre dans les Substantifs.

Dès que notre observateur eut connu l'existence de son corps et celle d'un corps étranger, dès qu'il eut divisé l'Univers en l'*être-lui* et l'*être-non-lui*, il eut l'idée de nombre, puisqu'il eut l'idée de l'*être-lui*, plus l'idée de l'*être-non-lui*, et, par conséquent, l'idée de *deux êtres.* Ses idées de nombres s'étendirent à mesure qu'il acquit la connaissance d'une plus grande quantité d'objets. Il n'eut d'abord que des idées de nombres concrets (1) ; car ce ne fut, ainsi que nous l'avons vu, qu'après avoir connu les modes des substances qu'il put s'élever jusqu'aux abstractions. Il commença par additionner des êtres de différentes espèces, parce qu'il ne savait pas encore les classer. Il additionna, par exemple, un cheval et un bœuf, parce que ces animaux n'étaient pour lui que deux objets extérieurs, dont il n'avait pas encore examiné les différences. Dans la suite, après avoir réuni, sous le nom d'*espèce*, les individus qui lui parurent semblables, et sous le nom de *genre*, les espèces qui lui parurent jouir d'une ou de plusieurs qualités communes, il s'apperçut qu'il s'était trompé dans sa première addition ; il vit clairement alors qu'un bœuf et un cheval ne peuvent faire ni deux bœufs ni deux chevaux, et il en conclut qu'on ne peut additionner que des choses de même espèce.

Cependant, comme un cheval et un bœuf lui donnaient nécessairement l'idée du nombre *deux*, il chercha le moyen d'exprimer cette idée, appliquée au cheval et au bœuf. Il le trouva, ce moyen, dans la classification qu'il avait faite. Il vit, d'après sa

---

(1) Le nombre concret exprime la quantité et l'espèce, comme *dix chevaux*, *vingt pommes*. Le nombre abstrait n'indique que la quantité, comme *dix*, *vingt*.

classification, qu'un cheval et un bœuf appartiènent au *genre animal* ; que, sous ce rapport, ils sont semblables ; qu'ils peuvent, par conséquent, s'additionner, et qu'ils donnent pour somme deux animaux. Il vit, en généralisant ce raisonnement, qu'il pourrait toujours considérer, comme des unités similaires des individus d'espèces différentes, en les rapportant au genre dont ils font partie.

Après avoir acquis la connaissance des nombres, notre observateur ne manquera pas de remarquer que les objets nombrés peuvent toujours se diviser en *un* et en *plusieurs*. Il pourra indiquer cette division de deux manières : d'abord en plaçant devant l'objet nombré le déterminatif *un* ou *plusieurs*, et dire, par exemple :

Un lion, *plusieurs* lion, *un* enfant, *plusieurs* enfant ; ensuite, en modifiant la finale du nom de manière qu'elle ajoute, à la signification fondamentale du nom, l'idée accessoire de pluralité, et dire :

Lion, lions, enfant, enfants.

C'est ce dernier mode d'exprimer la quantité, qu'on appèle, en termes de grammaire, *nombre* dans les substantifs.

Il est très-probable que notre observateur aura commencé par employer le premier mode, parce qu'il s'offre naturellement, et que ce ne sera que plus tard, et après y avoir long-temps rêvé, qu'il aura inventé le second, pour éviter la répétition du modatif *plusieurs*.

REMARQUES. 1.º Le nombre n'était pas indispensable, puisqu'on emploie les déterminatifs *un*, *deux*, *trois*, &c., quand on veut exprimer une quantité déterminée ; et le modatif *plusieurs*, quand on se contente d'exprimer la pluralité sans vouloir la préciser. Le nombre est cependant utile, puisque, grâce à lui, le substantif jouit de la propriété d'exprimer, par sa propre forme, l'idée accessoire d'une unité, ou l'idée accessoire d'une pluralité similaire, et qu'on peut ainsi éviter la répétition du modatif *plusieurs*, qui ne laisserait pas de devenir fort ennuyeuse.

2.º La plupart des langues n'admettent que deux nombres, le *singulier*, quand il s'agit d'un seul objet, et le *pluriel*, quand il s'agit de plusieurs objets. Quelques autres, telles que la langue grèque, admettent en outre le *duel*, quand il s'agit du nombre deux. Pourquoi cette exception unique ? Pourquoi n'a-t-on pas admis, par exemple, le *triel* et le *quatruel*, et ne leur a-t-on pas donné aussi des formes particulières ? C'est, nous répondra-t-on, parce que ces formes ont paru inutiles et embarrassantes. — Nous approuvons cette explication, mais nous pensons que la raison qui a fait proscrire le *triel* et le *quatruel*, aurait dû faire rejeter aussi le *duel*, et, dussions-nous nous exposer aux anathèmes des admirateurs aveugles de la langue grèque, nous ne craindrons pas de dire que nous regardons le *duel* comme un vain luxe, plus capable d'appauvrir que d'enrichir cette belle langue ; car nous n'admettons comme de véritables richesses que les formes qui sont réellement utiles.

Notre opinion semble conforme à celle de l'auteur de la Méthode de Port-Royal, qui enseigne que le *duel* n'est venu que tard dans la langue grèque, et qu'il y est fort peu usité, de sorte qu'au lieu de ce nombre, on se sert souvent du pluriel.

Chapitre 5.

Du genre dans les Substantifs.

Les êtres animés auront été, sans aucun doute, les plus intéressants pour notre observateur. Il aura dû, par conséquent, leur donner une attention toute spéciale. Cédant à son esprit d'analyse, il n'aura probablement pas tardé à les diviser en deux sections, en deux sexes, en mâles et en femelles.

Pour désigner les sexes, comme pour exprimer les nombres, il aura probablement employé deux moyens. Le premier, qui se sera offert de lui-même à son esprit, aura consisté à placer, après chaque nom d'un être animé, le modatif mâle, ou le modatif femelle ; et à dire, par exemple, un lion *mâle*, un lion *femelle*.

Le second, fruit d'une plus mûre réflexion, aura consisté à désigner le sexe par une finale, et à dire *lion*, *lionne*.

Or, c'est à cette dernière manière de désigner le sexe qu'on a donné le nom de *genre* dans les substantifs. Il y a deux genres, le masculin pour désigner les êtres mâles, et le féminin pour désigner les êtres femelles.

REMARQUES. 1.° Un grand nombre de noms d'animaux n'ont qu'une désinence pour les deux genres. Ce sont les noms épicènes (1) des grammairiens. Dans ce cas, pour faire connaître le sexe pour lequel il n'y a ni désinence spéciale, ni nom distinct, il faut avoir recours au premier mode de désigner le genre, et dire, par exemple, *un aigle femelle*, *un moineau femelle*, *une taupe mâle*, *une souris mâle*. On pourrait dire aussi *la femelle de l'aigle*, *du moineau* ; *le mâle de la taupe*, *de la souris*.

2.° L'homme a donné en général des noms épicènes aux animaux qui lui sont ou peu utiles, ou peu agréables, ou peu nuisibles, et dont il a, par cela seul, peu d'intérêt à distinguer le sexe ; mais il a, par une raison contraire, donné des noms différents aux mâles, aux femelles, et quelquefois même aux

____

(1) *Épicène*, du grec *epi*, en, et *koinos*, commun, c'est-à-dire *qui est en commun*, *qui appartient aux deux sexes*. Les noms épicènes sont effectivement communs au mâle et à la femelle, quoiqu'ils n'aient qu'un seul genre.

petits des animaux qui lui sont les plus utiles, les plus agréables ou les plus nuisibles. Tels sont, par exemple, *cheval*, *jument*, *poulain*; *taureau*, *vache*, *génisse*, *veau*; *coq*, *poule*, *poularde*, *poulette*, *poulet*, *poussin*; *cerf*, *biche*, *faon*; *loup*, *louve*, *louveteau*.

Les êtres inanimés sont évidemment sans sexe. Les noms qui les représentent doivent donc être sans genre, où s'ils en prennent un, ce ne peut être qu'un genre fictif, qu'un genre de pure convention. Dans cette alternative, quel parti prendra notre observateur? — Celui qui sera conforme à sa manière de voir et de sentir. Est-il sensible aux beautés de la nature? Contemple-t-il avec admiration, avec extase, cette sublime harmonie qui règne dans toutes les parties de la création? Son imagination vive et ardente fait-elle agir et parler les êtres les plus insensibles? — Il donnera un sexe à chaque être inanimé, et un genre aux mots qui rappèlent ces êtres. Alors, dans son langage, pour me servir de l'expression de Boileau,

Tout prend un corps, une âme, un esprit, un visage.

Notre observateur est-il, au contraire, de ces esprits froidement méthodiques, qui soumettent tout au calcul, qui envisagent tout avec le flegme britannique? Est-il de ces hommes que rien n'émeut, que rien ne transporte, qui ne voient même qu'un objet inerte dans le soleil, cette âme de l'Univers, qui féconde, qui vivifie tous les êtres? Alors les noms qui désignent les choses inanimées seront pour lui sans genre, ou d'un genre négatif, d'un genre neutre, à la manière anglaise. Que cette manière soit la plus philosophique, à la bonne heure; mais, à coup sûr, elle est la moins heureuse, parce qu'elle est la moins pittoresque, la moins poétique, la moins propre à exciter les passions. Cela est si vrai, que toutes les fois que nos voisins d'outre-mer veulent peindre avec énergie, parler à l'imagination et au cœur; toutes les fois qu'ils s'abandonnent à leur génie, qu'ils se livrent à leur enthousiasme, ils renoncent à leur distinction philosophique; ils personifient les êtres inanimés, et donnent un genre aux mots qui les désignent.

DÉFINITION.

Le genre dans le substantif est la propriété qu'il a de désigner par lui-même le sexe réel ou fictif de l'objet qu'il représente.

REMARQUE. Le genre dans les substantifs, ainsi que nous l'avons vu plus haut, n'était pas absolument nécessaire, puisqu'on pouvait désigner le sexe par l'addition du modatif *mâle* ou *femelle*. Mais quelle assommante monotonie! quelle fastidieuse répétition! L'invention du genre a donc été une abréviation des plus heureuses, qui fait, à une ennuyeuse uniformité, succéder la variété la plus agréable.

Chapitre 6.

Des cas dans les Substantifs.

Notre observateur, ainsi que nous l'avons vu dans le troisième chapitre, a déjà remarqué que les êtres peuvent être modifiés temporairement de deux manières opposées ; qu'ils peuvent l'être *activement* ou *passivement.* C'est à cette remarque qu'il doit l'invention des *modificatifs actifs* et des *modificatifs passifs.* Supposons maintenant qu'il voie un être subir ces deux espèces de modifications. Supposons, pour fixer nos idées, qu'il voie un homme qui se frappe, et qu'il veuille lui exprimer ce qu'il voit. Il considérera que cet homme se trouve successivement dans deux cas, dans deux états opposés, qu'il joue deux rôles bien différents, qu'il est d'abord *agent*, ensuite *patient ; agent*, puisqu'il fait l'action de frapper, puisqu'il *agit ; patient*, puisqu'il souffre cette action, puisqu'il est *agi*, si l'on peut s'exprimer ainsi. Cette observation lui procurera le moyen d'énoncer sa pensée. Il dira donc, pour exprimer le premier rôle, celui d'*agent, tu frappes*, et pour exprimer le second, celui de *patient, tu es frappé.*

Il pourra s'exprimer de la même manière, toutes les fois qu'il voudra énoncer une action exercée et soufferte par le même être. Cette locution pourrait lui suffire, car elle rend exactement sa pensée. Cependant il est probable qu'il s'en dégoûtera bientôt, qu'il la trouvera trop longue et qu'il cherchera à l'abréger. Un moyen analogue à celui qu'il emploie pour désigner le nombre et le genre dans les substantifs, se présentera naturellement à son esprit, et, par un simple changement de désinence, il exprimera une différence d'état, une différence de rôle. Ainsi, par la plus heureuse des abréviations, il fondra deux phrases en une seule, et, au lieu de dire, par exemple, *je frappe, je suis frappé ; tu frappes, tu es frappé ; il frappe, il est frappé ;* il dira : *Je me* frappe, *tu te* frappes, *il se* frappe.

Or, c'est ce changement de désinence, employé pour exprimer des états, des rapports, des rôles différents, qu'on appèle *cas* en termes de grammaire. La langue française, contrairement à l'assertion de la plupart des grammairiens et de l'Académie elle-même (1), a donc des cas. Il est vrai qu'elle en a moins que le latin, qui en compte six, moins même que le grec qui n'en

---

(1) Le raisonnement de l'Académie est trop curieux pour que nous nous refusions au plaisir de le citer.

Cas, terme de grammaire, dit le Dictionnaire de l'Académie, édition de 1835. Il se dit des différentes désinences que prènent les substantifs, les adjectifs et les participes, dans les langues où ils se déclinent. *Il n'y a point.*

compte que cinq, et qu'elle n'a de casués que ses *personnatifs*, ou *noms relatifs à l'acte de la parole*; mais le nombre de cas et l'espèce de mots casués ne font rien à l'affaire. Le latin et le grec, qui ont moins de cas que le russe et le polonais, n'en sont pas moins reconnus par tout le monde pour des langues casuées.

Avant de procéder à l'inventaire de nos richesses casuelles, richesses qui sont, hélas! très-voisines de l'indigence, nous croyons utile d'examiner rapidement les cas de la langue latine. Cet examen nous fera mieux apprécier la nature des cas de notre langue, et les moyens que nous employons pour remplacer les cas latins qui nous manquent.

NOMINATIF.

Tu, *frustrà pius, heu!*..........
Poscis, *Quintilium deos.*   (Horace.)
Vainement, hélas! *ta piété redemande* Quintilius aux dieux.

Jam nova progenies *cœlo demittitur alto.*   (Virgile.)
Déjà *une nouvelle race est envoyée* du haut du ciel.

Dans le premier exemple, le personnatif *tu* est au nominatif, parce qu'il exerce l'action exprimée par le verbe *poscis* qui est à la voix active. Dans le second exemple, *nova progenies* est aussi au nominatif, parce qu'il souffre l'action exprimée par le verbe *demittitur* qui est à la voix passive. Ainsi un nom se met au nominatif quand l'objet qu'il représente exerce l'action exprimée par un verbe à la voix active, ou qu'il souffre l'action exprimée par un verbe à la voix passive. (Les verbes déponents forment une exception.)

(Nous expliquerons bientôt ce qu'on entend par *voix* dans les verbes). Tel est l'usage constant des Latins: un nom se met donc au nominatif toutes les fois que l'objet qu'il représente exerce l'action exprimée par un verbe à la voix active, ou qu'il souffre l'action exprimée par un verbe à la voix passive.

Définition.

Le nominatif est un cas qui ajoute à l'idée fondamentale l'idée accessoire d'exercer une action exprimée par un verbe à la voix

---

de cas proprement dits dans la langue française, quoiqu'il y ait des désinences différentes dans les pronoms.

Comprenez-vous bien comment il n'y a point de cas dans la langue française, quoiqu'il y ait des désinences différentes dans les pronoms, et que ce soient ces désinences différentes qui, suivant l'Académie, se nomment *cas?* En vérité, la docte Compagnie est comme le bon Homère, elle sommeille quelquefois.

active, ou celle de souffrir une action exprimée par un verbe à la voix passive.

GÉNITIF.

Pueri, *puer, indue vultus.*   (VIRGILE.)
Enfant, prends les traits d'un enfant.

Le génitif *pueri* restreint l'idée générale de *vultus*, *traits*, aux seuls traits d'un enfant.

Ainsi la fonction du génitif est de déterminer, de restreindre l'idée générale exprimée par un nom.

DÉFINITION.

Le génitif est un cas qui, à l'idée fondamentale, ajoute l'idée accessoire de détermination, de restriction, de possession.

DATIF.

Dat Niso Mnestheus pellem.   (*Idem.*)
Mnesthée donne une peau à Nisus.

Mnestheus représente l'objet actif, qui fait l'action exprimée par *dat*; *pellem* représente l'objet passif qui souffre cette action; *Niso* représente l'objet qui est le terme, la destination de l'action exprimée par le verbe *dat*, c'est le datif latin. Ce cas indique donc la destination, le terme d'une action, la tendance vers un but. Il exprime aussi la possession.

Sunt mihi bis septem præstanti corpore nymphæ.   (*Idem.*)
Sont à moi deux fois sept nymphes d'une beauté supérieure. (J'ai quatorze nymphes d'une beauté ravissante.)

Ainsi le datif est un cas qui, outre l'idée accessoire de terme, de destination, de tendance, exprime encore une idée accessoire de possession.

ACCUSATIF.

Urbem præclaram statui.   (*Idem.*)
J'ai fondé une ville superbe.

L'accusatif *urbem præclaram* souffre l'action exprimée par le verbe *statui*; il est, suivant le langage des grammairiens, le régime de ce verbe. Ainsi l'accusatif indique l'être ou la personne qui souffre l'action exprimée par un verbe *transitif*. (Nous expliquerons au chapitre du verbe ce qu'on entend par verbe transitif.)

DÉFINITION.

L'accusatif est un cas qui joint à l'idée fondamentale l'idée accessoire d'un état passif, en indiquant l'être qui souffre l'action exprimée par un verbe transitif.

ABLATIF.

Isque adytis hæc tristia dicta reportat.   (VIRG.)
Et il rapporte *du sanctuaire* ces tristes paroles.

L'ablatif *adytis* indique le lieu d'où part Eurypyle. Ce cas, comme on le voit par cet exemple, marque un point de départ, donne l'idée d'un terme quitté, délaissé; il est opposé au datif (1). Celui-ci indique une idée de tendance; celui-là un point de départ.

VOCATIF.

Mirabar quid mæsta deos, Amarylli, *vocares.*   (VIRG.)
Je m'étonnais, *Amaryllis,* de te voir invoquer tristement les dieux.

Scis Proteu, *scis* ipse, *neque est te fallere cuiquam.*   (Id.)
Tu le sais, Protée, tu le sais, et il n'est donné à personne de te tromper.

Ces deux exemples montrent qu'on se sert du vocatif pour adresser la parole à quelqu'un. Mais il y a ici une grande différence entre la langue latine et la langue française. Le français, qui n'a pas de vocatif, y supplée par la manière de prononcer le nom de la personne à laquelle il s'adresse, quand il lui parle, ou par la manière de le ponctuer, quand il lui écrit; tandis que le vocatif est un véritable cas en latin, indiqué par la désinence seule.

Ainsi la désinence des noms *Amarylli* et *Protheu*, indépendamment du sens de la phrase, fait voir que ces noms sont au vocatif

DÉFINITION.

Le vocatif est un cas qui à l'idée fondamentale joint l'idée accessoire d'une personne ou d'un objet personnifié, qu'on appele, à qui on s'adresse.

REMARQUE. Plusieurs relatifs (prépositions) changent les rapports indiqués par l'accusatif et l'ablatif. Ainsi le relatif *ad*, qui régit l'accusatif, s'emploie avec son régime pour le datif. Ex. *Librum quem* ad *te misit de concordiâ*, velim *mittas.* (CICÉR.) Je désire que tu m'envoies le livre de la concorde qu'il t'a envoyé. Souvent *in* avec l'ablatif, au lieu d'indiquer un point de

---

(1) Le datif est cependant employé assez souvent pour l'ablatif.
    Eripiet quivis mihi *oculos.*   (HORACE.)
On arrachera plutôt les yeux *à moi.* (On m'arrachera plutôt les yeux.)
    Animam abstulit hosti.   (VIRG.)
    Il arracha la vie *à l'ennemi.*

On n'est pas surpris de cet emploi du datif latin, quand on sait que ce cas et l'ablatif ont une commune origine, qu'ils viennent tous deux du datif grec.

départ, indique le lieu où l'action s'exerce. Ex. *Incensâ Danaï dominantur* in urbe. (VIRG.) Les Grecs dominent *dans la ville embrasée.*

Nous terminerons ce rapide examen par une observation que nous croyons devoir adresser aux jeunes latinistes. On enseigne encore dans nos classes que les Latins emploient souvent un ablatif absolu, c'est-à-dire une portion de phrase, une incise qui ne se rattache, qui ne se rapporte à rien ; comme si l'on pouvait concevoir dans une phrase des mots qui seraient sans aucune relation avec le reste de la phrase. S'il en était ainsi, ne devraient-ils pas en être bannis comme des superfluités, comme des hors-d'œuvre. Quelques grammairiens philosophes, tels que Sanctius et Dumarsais, choqués de l'absurdité de cette doctrine, firent voir, par des exemples tirés des auteurs anciens, que ces ablatifs n'étaient regardés comme absolus que parce que les mots qui doivent indiquer leurs rapports sont ordinairement sous-entendus.

Ainsi, le prétendu ablatif absolu de cet exemple, de Plaute,

Re *bene* gestâ, *rediisse me vidit.*

Il vit que je revins (avec) *la chose* bien *gérée* ; (il me vit revenir après que j'eus bien conduit l'affaire), se trouve expliqué par cet autre du même auteur :

Cum re *bene* gestâ *revertor domum.*

Je reviens à la maison *avec la chose* bien *faite* (après avoir réussi).

Ainsi l'ablatif suivant :

Ibant *Volscente magistro* (VIRG.). Ils allaient (avec) *Volscens, chef* (sous la conduite de Volscens), se trouve expliqué par cet exemple de Cicéron :

Sub Annibale magistro omnes belli artes edoctus.

Sous Annibal maître (à l'école d'Annibal), il fut instruit dans tous les arts de la guerre.

Ces exemples, et beaucoup d'autres que nous pourrions citer, montrent qu'en rétablissant les ellipses, on met les prétendus ablatifs absolus en rapport avec le reste de la phrase, et que dès-lors ils cessent d'être absolus.

Après cette excursion rentrons dans nos limites, et revenons aux cas de la langue française. Cette langue n'a que trois cas : le *nominatif*, le *datif* et l'*accusatif* (1). Nos personnatifs ou

---

(1) Le mot *dont* nous offrirait bien un génitif et un ablatif des mots *qui* et *quel*, si son étymologie ne s'opposait à cette déclinaison. *Dont* vient du latin *de*, *undè*, *de*, *où*, *d'où*. On l'employait autrefois dans ce sens.

Je m'arrêtai pour voir *dont* il venait. (AMYOT.) C'est-à-dire *d'où* il venait.

noms relatifs à l'acte de la parole., sont seuls casués. Voici des exemples qui feront suffisamment connaître les cas que nous possédons :

	Nom.	Acc.			Nom.	Dat.	
	Je	*me*	questionne	et	*Je*	*me*	réponds.
	Tu	*te*	questionnes	et	*tu*	*te*	réponds.
	Il	*se*	questionne	et	*il*	*se*	répond.

Il s'emploie encore à présent pour *d'où*, quand il s'agit d'extraction.
La maison *dont* je sors est très-roturière.
Dans les vers suivants, *dont* répond au génitif des Latins :

> Est-ce Dieu, sont-ce les hommes,
> Dont les œuvres vont éclater ?   (Racine.)

C'est-à-dire est-ce Dieu *de qui* les œuvres, sont-ce les hommes *desquels* ou *de qui* les œuvres, etc.

Dont répond à l'ablatif dans la phrase suivante :
Il y a dans le ciel un Roi *dont* dépendent les rois de la terre ; c'est-à-dire *duquel* dépendent, *à quo* pendent.
Le mot *en* nous offrirait aussi un génitif et un ablatif de *il*, *elle*, si l'étymologie ne s'opposait pas également à cette déclinaison. Ce mot vient effectivement du latin *indè*, *de-là*, c'est-à-dire *de cet endroit-là*, *en cet endroit-ci*.
Allez-vous à Rome ? — J'*en* viens. C'est-à-dire je viens de cet endroit-là, en cet endroit-ci.
En s'emploie pour *de là*, *de lui*, *d'elle*, *d'eux*, etc. Il répond au génitif dans cette phrase de J. J. Rousseau :
Comme vous avez la beauté des anges, vous *en* avez la pureté. C'est-à-dire vous avez la pureté *d'eux*, la pureté des anges.
Il répond à l'ablatif dans celle-ci de Fénélon :
Celui qui est dans la prospérité doit craindre d'*en* abuser. C'est-à-dire doit craindre d'abuser *d'elle*, *illâ abutatur*.
Le mot *y*, qui vient du latin *ibi*, *là*, *en cet endroit-là*, représente fort souvent un datif ; mais c'est aussi un datif sans nominatif distinct. Il est opposé au mot *en*.
Allez-vous à Rome ? — Oui, j'*y* vais. C'est-à-dire je vais *là*, en cet endroit-là, à Rome.
Venez-vous de Rome ? — Oui, j'*en* viens. C'est-à-dire je viens *de là*, je viens de Rome.

Y répond quelquefois au nominatif.
Vous *y* êtes. C'est-à-dire vous êtes là.

Enfin, le mot *que* représente souvent un accusatif. Il a une double étymologie et une double signification. 1.° Il est *qualificatif*, et vient du latin *qualis*, *quel*, composé de *que talis*, *et tel* (*que* signifiant *et*). Ex. Le fils est tel *que* le père. C'est-à-dire le fils est tel *quel* est le père, le fils est tel, *et tel* est le père. 2.° Il est *déterminatif*, et vient du latin *quis*, *quæ*, *quid*, composé de *que is*, *que ea*, *que id*. Ainsi, outre le premier mot, *que*, et, il renferme *is*, *ea*, *id*, que nous traduisons par *ce*, *cette*, *le*, *la*, *ceci*, *cela*. Ex. J'aime la vertu *que* tu détestes. C'est-à-dire j'aime la vertu *et* tu *la* détestes, *et* tu détestes *cela*.

Nom.	Acc.			Nom.	Dat.	
Elle	*se*	questionne	et	*elle*	*se*	répond.
Nous	*nous*	questionnons	et	*nous*	*nous*	répondons.
Vous	*vous*	questionnez	et	*vous*	*vous*	répondez.
Ils	*se*	questionnent	et	*ils*	*se*	répondent.
Elles	*se*	questionnent	et	*elles*	*se*	répondent.
Je	*le*	questionne	et	*il*	*me*	répond.
Je	*la*	questionne	et	*elle*	*me*	répond.
Je	*les*	questionne	et	*ils*	*me*	répondent.
Je	*les*	questionne	et	*elles*	*me*	répondent.
Il	*me*	questionne	et	*je*	*lui*	réponds.
Elle	*me*	questionne	et	*je*	*lui*	réponds.
Ils	*me*	questionnent	et	*je*	*leur*	réponds.
Elles	*me*	questionnent	et	*je*	*leur*	réponds.

Ces exemples révèlent notre indigence. Nous n'avons au singulier des personnatifs *je* et *tu* qu'une désinence pour le datif et l'accusatif. C'est par le sens seul que nous pouvons distinguer ces deux cas. Le datif *lui*, qui est commun au masculin et au féminin, est une source d'équivoques. Le datif pluriel *leur* et l'accusatif *les* ont le même défaut. Les formes plurielles *nous* et *vous* sont les mêmes pour nos trois cas, et elles ne sont des cas que parce qu'on les compare aux formes casuelles *je* et *me*, *tu* et *te*, et qu'elles se construisent de la même manière.

Ces défauts proviennent de la langue latine qui nous a fourni, avec de légers changements, nos personnatifs, à l'exception de *je*. En effet, le datif latin de la troisième personne n'a, ainsi que le nôtre, qu'une seule désinence pour les trois genres. Les formes plurielles *nos* et *vos*, *nous* et *vous*, sont les mêmes pour le nominatif, l'accusatif et le vocatif.

REMARQUES. 1.º Nos personnatifs n'ont pas de désinences propres à exprimer le génitif et l'ablatif. Ils rentrent alors dans la classe des autres noms qui remplacent ces cas par des périphrases.

EXEMPLES.

Pour le génitif :

Paul a fait cette bonne action pour l'amour *de moi*, *de toi*, *de Dieu*.

Pour l'ablatif :

Il parle *de moi*, *de toi*, *du bien public*.

2.º Avec tous les noms, autres que les personnatifs, nous rendons le datif latin, en fesant précéder le nom du relatif *à*.

Donne ton sang *à Rome*, et n'en exige rien.   (VOLTAIRE.)

A Rome répond au datif latin *Romæ*.

3.º Nous remplaçons le *nominatif* et l'*accusatif* des Latins par la position que nous assignons aux noms : le nom, qui serait en latin au nominatif, se met en français avant le verbe ; celui qui serait à l'accusatif se met après le verbe transitif.

EXEMPLE.

Un homme vit une couleuvre. (LA FONTAINE.)

Un homme précède le verbe *vit*, c'est l'agent qui exerce l'action exprimée par ce verbe. Ce rôle est indiqué en latin par le nominatif (*homo*). *Une couleuvre* suit le verbe transitif *vit*, c'est le *patient* ou l'objet qui souffre l'action exprimée par ce verbe. Ce rôle s'indique en latin par l'accusatif (*colubrum*).

Ainsi, en français, c'est la place qu'occupent les noms qui indique les rôles qu'ils jouent ; tandis qu'en latin et dans les autres langues dont les noms et les modificatifs sont casués, ce sont les cas, indépendamment de la position des noms, qui expriment la différence des rôles et des rapports.

Ces différences nous permettent de diviser les langues en langues *transpositives* et en langues *unipositives* (1). Dans les premières, où l'on indique par des cas la différence des rôles et des rapports, l'écrivain peut placer les mots suivant le degré d'intérêt qu'ils présentent, ou suivant l'effet qu'il veut produire. Quelles ressources pour le nombre et pour l'harmonie ! Comme ces langues sont mélodieuses et pittoresques ! Quel immense avantage n'ont-elles pas, sous ce rapport, sur les langues unipositives, condamnées à suivre presque toujours le même ordre, le même arrangement !

_____

(1) Nous demandons grâce pour cette épithète. que nous ne hasardons que parce que nous n'en connaissons pas d'autre qui caractérise exactement les langues où les noms ont ordinairement une position fixe, où chaque mot a, pour ainsi dire, *une seule place*. Les grammairiens donnent à ces langues l'épithète d'*analogues*, mot, dit Lemarec., qui ne présente qu'une idée fausse ou mal déterminée, et auquel il substitue elui de *juxta-positives*, qui ne nous semble guère meilleur. Pour nous en convaincre, examinons ces deux mots : *Analogie* vient du grec *ana*, *entre*, et *logos*, *rapport*, *raison*, *similitude*, et, suivant l'Académie, l'*analogie* se dit d'une sorte de rapport, de ressemblance, de similitude qui existe, à certains égards, entre deux ou plusieurs choses différentes. *Analogue* signifie donc qui a du rapport, de la ressemblance, de la similitude avec quelque chose. Cela posé, une langue analogue est donc une langue qui a des rapports, de la similitude avec une ou plusieurs autres langues. Or, nous le demandons aux grammairiens, en quoi les langues transpositives ont-elles moins de rapports, de similitude entre elles que n'en ont les langues unipositives ? L'épithète d'*analogues* n'est donc point caractéristique. Qu'est-ce qu'une langue *juxta-positive* ? — C'est évidemment une langue dont les mots sont *juxta-posés*, ou placés les uns à côté des autres. Mais toutes les langues ne jouissent-elles pas de cette propriété ? L'épithète de *juxta-positives* n'est donc pas plus caractéristique que celle d'*analogues*. Nous nous sommes, comme on le voit, trouvé dans la nécessité d'en inventer une qui le fût. C'est à nos lecteurs de juger si nous y avons réussi.

4.° Tous les substantifs français peuvent remplir les rôles du nominatif et de l'accusatif des Latins. Ils peuvent aussi, à l'aide des relatifs, exprimer toute espèce de rapports; un seul nom fait exception à cette règle, c'est le substantif *on*, qui ne remplit jamais que les fonctions de nominatif.

5.° La langue française a deux sortes de formes pour ses personnatifs, les formes casuées et les formes non casuées. *Moi, toi, soi, lui*, sont les formes non casuées. C'est la place qu'elles occupent et le sens de la phrase qui font connaître pour quels cas elles sont employées.

1.° Pour le nominatif :

Je vous avoue que ni *moi* ni Martin nous ne le sommes.   (Volt.)

N'accuse point ton sort, c'est *toi* seul qui l'as fait.

Il faut être *soi* dans tous les temps.   (J. J. R.)

Vous pensez ainsi, mais *lui* pense autrement.   (Académie.)

2.° Pour le génitif :

Il l'a fait pour l'amour *de moi*, *de toi*, *de soi*, *de lui*.

3.° Pour le datif :

Est-ce assez, dites-*moi*, n'y suis-je pas encore ?   (La Fontaine.)

Donne-*toi* du bon temps.

Chacun pense *à soi*.

Vous ne devez plus penser *à lui*.

4.° Pour l'accusatif :

Frappe-*moi*, frappe *toi*.

Chacun n'aime que *soi*.

Je le choisis, *lui*, de préférence à tout autre.   (Académie.)

5.° Pour l'ablatif :

Cela vient *de moi*, *de toi*, *de soi*, *de lui*.

Ces doubles formes, qui manquent aux Latins et aux Grecs, sont précieuses; elles donnent au style de la variété et souvent de l'énergie.

On cherche les rieurs, et *moi*, je les évite.   (La Fontaine.)

Et que m'a fait, *à moi*, cette Troie où je cours.   (Racine.)

Toi, tu oserais le défier !   (Académie.)

Je l'en félicite, *lui* et ses amis.

Sauvez-vous, et *me* laissez paitre.   (La Fontaine.)

Debout, dit l'Avarice, il est temps de marcher.

Hé ! laissez-*moi*.   (Boileau.)

Chapitre V.

Variations des Modatifs.

Notre observateur a déjà remarqué (Chap. 3) que les modes n'ont pas d'existence propre, qu'ils n'existent que dans les substances qui les contiennent, qu'une *manière d'être* n'est ni mâle ni femelle, qu'elle ne peut par conséquent avoir de genre réel ; qu'elle n'a pas d'existence distincte de celle de l'individu dans lequel elle se trouve, et qu'elle ne peut conséquemment être comptée, ou admettre de nombre réel. S'il s'en tient à cette considération, et qu'il veuille avoir une langue philosophique, il emploira des modatifs qui n'exprimeront ni le genre ni le nombre, qui seront invariables comme les modatifs anglais. Mais s'il considère qu'il a bien pu abstraire, séparer les modatifs des substantifs, et les placer à côté d'eux, pour montrer qu'ils ne cessent pas de leur être unis ; il jugera que la dépendance des modatifs sera bien plus sensible, s'ils portent la livrée de leurs substantifs, c'est-à-dire s'ils ont des signes qui indiquent le même nombre et le même genre ; qu'à l'aide de ces signes, il pourra même, sans craindre aucune obscurité, les séparer quelquefois de leurs substantifs. Il remarquera aussi qu'en donnant aux modatifs une désinence pour indiquer le nombre, et une autre désinence pour indiquer le genre, il rompra la monotonie qu'aurait produite l'invariabilité des modatifs, et procurera au style une agréable variété. Il remarquera enfin que, quoique le nombre et le genre des modatifs ne soient que fictifs, ils n'en expriment pas moins des idées très-réelles. Il ne peut, en effet, prononcer ou écrire, par exemple, *petit*, *petits*, sans joindre à l'idée fondamentale qu'expriment ces deux modatifs, l'idée accessoire d'un substantif singulier masculin, auquel se rapporte le premier, et l'idée accessoire d'un substantif masculin pluriel, auquel se rapporte le second. Il en sera de même pour le féminin, tant au singulier qu'au pluriel.

N. B. Nous transcrirons ici la définition de Lemare, parce qu'il nous serait impossible d'en donner une meilleure.

« Le genre et le nombre dans le modatif expriment, indépendamment de l'idée fondamentale, les idées accessoires d'un genre et d'un nombre fictifs, identiques avec le genre et le nombre de son substantif. »

Notre observateur pourra remarquer que les *modes* ou *qualités* qui se trouvent dans les objets, n'y sont pas, ou ne paraissent pas y être toujours au même degré. Supposons 1.º qu'il ait remarqué de la bonté dans Pierre. Pour exprimer le résultat de son observation, il pourra dire : Pierre est *bon*. 2.º Qu'il se soit apperçu que la bonté de Paul l'emporte sur celle de Pierre, il pourra dire : Paul est *meilleur* que Pierre. 3.º Qu'il ait reconnu dans Louis une bonté au suprême degré, il pourra dire : Louis est *excellent* (très bon).

Notre observateur, en graduant ainsi les modatifs, exprimera les différents degrés auxquels les qualités se trouvent ou paraissent se trouver dans les objets.

C'est à cette manière de graduer les modatifs que la plupart des grammairiens donnent le nom de degré de *comparaison*, désignation bien inexacte, comme on va le voir.

1.º Ils appèlent *positif*, ou *premier degré de comparaison*, le modatif pur et simple, sans aucune idée accessoire de comparaison, comme *bon*, *mauvais*. Voilà évidemment un degré de comparaison qui, selon eux-mêmes, ne compare rien, et qui, par conséquent, n'en est pas un. La dénomination de degré de comparaison ne peut donc pas convenir à ce degré. Celle de positif ne peut pas plus lui convenir, parce qu'elle n'est point caractéristique, parce qu'elle convient également aux deux autres degrés. En quoi, par exemple, *bon* est-il plus positif que *meilleur*, *grand* plus positif que *grandissime* ?

2.º Ils appèlent *comparatif*, ou *second degré de comparaison*, le modatif exprimant une supériorité. Mais d'abord tous les degrés de comparaison ne doivent-ils pas être nécessairement comparatifs ? L'épithète de comparatif ne peut donc caractériser aucun degré. Qu'est-ce ensuite qu'un degré de comparaison *comparatif* ? Peut-on imaginer une périssologie plus ridicule ? Assurément, ceux qui emploient cette expression oiseuse ne s'en sont jamais rendu compte.

3.º Ils appèlent enfin *superlatif*, ou *troisième degré de comparaison*, le modatif exprimant la qualité portée au suprême degré. Cette dénomination n'est pas plus exacte que les autres. *Superlatif* vient du latin *super*, *au-dessus*, *latum*, *porté*, et de la terminaison active *ivus*, *if*, qui exprime la faculté, le pouvoir. Ce mot signifie donc littéralement *qui a la faculté de porter au-dessus*, et, par conséquent, de marquer la supériorité. Il n'exprime donc pas, comme le supposent les grammairiens, la qualité portée au plus haut degré.

A ces dénominations inexactes, tâchons de substituer des dénominations justes et caractéristiques :

Nous pensons, avec plusieurs grammairiens, que la dénomination de *degrés de comparaison* doit être remplacée par celle de *degrés de signification*. Cette dernière dénomination nous paraît fort juste. En effet, on conçoit parfaitement que les modatifs puissent signifier avec plus ou moins d'extension les manières d'être que nous remarquons dans les substances.

A l'exemple de M. Vannier, nous nommerons le premier degré *expositif*, parce qu'il expose la qualité, comme *bon*, *mauvais*, *savant*, *ignorant*.

Nous appèlerons, d'après Lemare, le second degré *supérioritif*, parce qu'à l'idée fondamentale exprimée par l'*expositif*, il ajoute l'idée accessoire de supériorité, comme *meilleur*, *pire*.

Nous nommerons enfin le troisième degré *extensif*, parce qu'il exprime une extension du sens primitif, comme *amplissime*, *éminentissime*.

Nous allons nous hasarder à faire connaître une manière nouvelle d'envisager l'expositif. Il nous semble que l'expositif exprime très-souvent une idée de supériorité, qui est le résultat de jugements antérieurs, jugements que nous avons portés avec cette attention qui caractérise l'esprit observateur de l'enfance. Nous en avons retenu le résultat, nous nous en servons à chaque instant, sans songer aux moyens par lesquels nous y sommes parvenus, sans nous les rappeler aucunement. Pour mieux faire comprendre notre pensée, prenons des exemples. Si je dis : Pierre est *grand*, je fais entendre que Pierre est remarquable par sa grandeur, que sa taille est plus haute que la taille moyenne, qu'il est plus grand que la plupart des hommes. Mais pour affirmer que Pierre est d'une haute stature, combien d'observations n'ai-je pas été obligé de faire. Il m'a fallu observer la taille d'un très-grand nombre d'hommes, pour me former une idée de leur taille moyenne, et pour la rapporter à une mesure fixe. J'ai dû, avant de porter mon jugement, me rappeler cette mesure, et l'appliquer à Pierre, pour m'assurer qu'il la surpasse. Il est impossible, quand on n'y réfléchit pas sérieusement, de se former une idée de la promptitude avec laquelle nous portons un très-grand nombre de jugements...

Il en sera de même de mille autres modificatifs, de *beau*, de *belle*, par exemple. Quand je dis : Voilà *un bel homme*, *une belle femme*, je fais entendre que cet homme est *remarquablement beau*, qu'il est *plus beau* que le commun des hommes ; que cette femme est *plus belle* que la plupart des femmes. Cela est si vrai, que quand on dit à une femme qu'elle est belle, elle répond souvent qu'elle n'est pas plus belle qu'une autre.

Ces exemples, qu'on pourrait multiplier indéfiniment, nous semblent prouver que la plupart de nos modatifs expriment réellement une idée de supériorité. Quelques-uns cependant ne nous paraissent pas exprimer cette idée, tels sont les modatifs qui désignent les couleurs, comme *blanc*, *noir*, *bleu*, *rose*, &c.

REMARQUES. 1.° Nous n'avons en français que trois supérioritifs, savoir : *meilleur*, *pire*, *moindre*. Pour exprimer ce degré avec tous les autres modatifs, nous sommes forcés d'employer une périphrase, en fesant précéder le modatif du relatif *plus*. Ainsi, pour rendre, par exemple, le *sapientior* des Latins, le *sophóteros* des Grecs, nous sommes obligés d'employer deux mots, et de dire *plus sage*.

2.° Nous avons un nombre un peu plus grand d'extensifs, quoiqu'il soit encore assez restreint, et que la plupart ne soient usités que parce qu'ils prêtent au ridicule, tels sont *ignorantissime*, *illustrissime*, *savantissime*.

Pour exprimer ce degré, nous sommes également forcés de recourir à une périphrase, et de faire précéder les modatifs des relatifs *très*, *fort*, *bien*, &c.

Ainsi, pour rendre le *sapientissimus* des Latins, le *sophôtatos* des Grecs, nous sommes obligés d'employer deux mots, et même quelquefois trois, et de dire : *très-sage*, *fort sage*, *le plus sage*.

3.° Le latin, le grec, et toutes les langues qui graduent presque tous leurs modatifs, ont un grand avantage sur le français, puisqu'ils peuvent exprimer par un simple changement de désinence ce que le français ne peut exprimer que par un ou plusieurs mots, et qu'ils peuvent ainsi éviter l'ennuyeuse, l'éternelle répétition des mêmes mots.

4.° Un modatif n'est au second ou au troisième degré de signification que quand il exprime ce degré par lui-même, et sans le secours d'aucun autre mot ; car il ne peut y avoir dans aucune langue de modatifs composés de plusieurs mots différents. Ainsi, *meilleur* et *pire* sont des supérioritifs, parce qu'ils expriment ce degré par eux-mêmes, sans le secours d'un autre mot. Par la même raison, *amplissime* et *grandissime* sont des extensifs. Mais *plus grand* et *très-grand* ne sont ni un supérioritif, ni un extensif. Dans ces expressions nous ne voyons que le modatif *grand* à l'expositif, joint à un mot dont il faudra rendre compte séparément. *Plus grand* n'est donc pas un supérioritif, quoiqu'il soit équivalent au *major* des Latins, parce que, encore une fois, un modatif ne peut être composé de deux mots distincts. Par la même raison *très-grand* n'est point un extensif.

5.° Les grammairiens reconnaissent trois sortes de comparatifs, les comparatifs d'égalité, les comparatifs de supériorité et les comparatifs d'infériorité.

1.° D'égalité : Le fils est *aussi vertueux* que le père.

2.° De supériorité : La science est *plus précieuse* que l'or.

3.° D'infériorité : L'or est *moins précieux* que la santé.

Nous ne voyons dans ces trois exemples que de simples expositifs, nous n'appercevons aucune trace de comparatifs (supérioritifs). L'égalité est exprimée, il est vrai, dans le premier exemple, et la supériorité dans les deux autres ; mais ce n'est qu'à l'aide de mots qui ne sont point des modatifs. Nous ferons observer qu'il n'existe point de modatif d'infériorité. *Moindre*, qui est le seul qu'on désigne comme exprimant une idée d'infériorité, est le supérioritif de *menu*, synonyme de *petit*, et signifie *plus petit*. Il désigne une supériorité en petitesse, ainsi qu'en désignerait une en grandeur le modatif *majeur*, si comme le *major* des Latins, dont il tire son origine, il signifiait *plus grand*.

6.° Les grammairiens enseignent qu'il y a deux sortes de super-latifs, savoir : le *superlatif absolu* et le *superlatif relatif.*

Le superlatif absolu marque, disent ils, la qualité portée à un très-haut degré, mais *absolument*, c'est-à-dire sans rapport à aucun objet : Ce serviteur est *très-fidèle.*

Le superlatif relatif exprime aussi un très-haut degré, mais avec comparaison : La prospérité est *la plus forte* épreuve de la sagesse.

Nous ne reconnaissons qu'une seule espèce d'extensifs, celui qui est exprimé par un modatif gradué, comme *éminentissime*, *sérénissime.* Ainsi, *très-fidèle*, *la plus forte*, ne sont pour nous ni un extensif absolu, ni un extensif relatif. Ce sont deux mots dans le premier exemple, et trois dans le second. Nous ne pouvons y voir autre chose. Nous partageons ici entièrement l'opinion de Lemare, et nous dirons comme lui : « Esprit matériel, nous ne « voyons dans les objets que ce qu'il y a. Heureux ceux qui savent « s'élancer au-delà ! Ils voient tout ce qu'ils veulent ; deux, trois, « ne font qu'un ; une phrase même tout entière se solidifie, et « n'est plus qu'un adjectif, qu'un verbe, qu'un mot, qu'une « particule. »

Chapitre 8.

VARIATIONS DU VERBE.

1.° *Des Personnes et des Nombres.*

Notre observateur connaît les personnatifs, ce sont les premiers noms dont il s'est servi pour entrer en communication avec ses semblables. Il ne put, en effet, faire usage de la parole sans s'appercevoir que les individus remplissent différents rôles dans le discours, et il reconnut bientôt que ces rôles sont au nombre de trois ; car on peut 1.° énoncer seulement son existence ou ses actions, ou bien énoncer tout à la fois son existence ou ses actions, et l'existence ou les actions d'un ou de plusieurs individus ; ce qui constitue le premier rôle.

On peut 2.°, en s'adressant à un ou à plusieurs individus, en énoncer l'existence ou les actions ; ce qui constitue le second rôle.

On peut 3.° énoncer l'existence ou les actions d'un ou de plusieurs individus sans leur adresser la parole, sans les mettre en scène ; ce qui constitue le troisième rôle.

Or, en termes de grammaire, on donne le nom de *personnes* aux différents acteurs, aux différents personnages qui jouent un rôle dans l'acte de la parole. Il y a donc trois personnes, puisqu'il y a trois rôles à remplir, comme nous venons de le voir. Celle qui remplit le premier rôle se nomme la première personne ; celle qui remplit le second rôle se nomme la seconde personne, et celle qui remplit le troisième rôle se nomme la troisième personne.

Notre observateur qui, après avoir reconnu (Chap. 7) que les manières d'être ne peuvent avoir ni genre ni nombre réels, a cependant donné aux modatifs un genre et un nombre fictifs, afin de rendre plus sensible leur union avec les substantifs auxquels ils appartiènent, jugera sans doute nécessaire de donner aux verbes des désinences relatives aux différentes personnes, afin de faire connaître, de la manière la plus précise, la personne dont chaque verbe dépend. On donne aussi le nom de personnes à ces signes de concordance dans le verbe : c'est dans ce sens qu'on dit qu'un verbe est à la première, ou à la seconde, ou à la troisième personne.

Notre observateur, qui a remarqué qu'un rôle peut être rempli par une ou par plusieurs personnes, jugera sans doute utile, pour compléter les signes de concordance, de donner aussi aux verbes des désinences propres à indiquer le nombre des personnes auxquelles ils se rapportent.

Observations. 1.° Toutes les grammaires que nous connaissons enseignent unanimement que « la première personne est celle qui parle ; la seconde, celle à qui l'on parle ; la troisième, celle de qui l'on parle. »

Ces définitions ont été reçues comme des oracles. Tout le monde les a répétées sacramentalement, et personne, jusqu'à ce jour, ne s'est avisé d'en soupçonner l'exactitude. Aussi sommes-nous bien persuadé que nous exciterons une surprise générale, en démontrant combien elles sont fausses et inexactes. Cependant, pour arriver à cette démonstration, nous n'aurons pas de grands efforts à faire. Il nous suffira de nous servir de notre pierre de touche ordinaire, c'est-à-dire d'appliquer ces définitions à quelques exemples et d'en déduire les conséquences qui en découlent naturellement.

Reprenons donc l'une après l'autre les définitions des *personnes*, adoptées par tous les grammairiens.

« La première personne est celle qui parle. »

Si je dis à Pierre : Tu cours *promptement. Tu cours* sera, d'après la définition, une première personne, puisque c'est moi qui parle, que c'est moi qui dis : *Tu cours*. Si j'ajoute, en parlant de Paul, Il écrit *bien. Il écrit* sera aussi, par la même raison, une première personne, puisque c'est toujours moi qui parle, que c'est moi qui dis : *il écrit* bien.

Cependant tout le monde, avec les grammairiens, reconnaît *tu cours* pour une seconde personne, et *il écrit* pour une troisième. Cette première définition n'est donc pas juste. Voyons si la seconde le sera davantage.

« La seconde personne est celle à qui l'on parle. »

Si, en parlant à Pierre, je lui dis : *Pierre*, nous marchons *vite. Pierre*, PAUL MARCHE *lentement. Nous marchons* sera, d'après la définition, une seconde personne, puisque je parle à Pierre, et que je lui dis : *Nous marchons vîte.* Par la même raison, *Paul marche* sera aussi une seconde personne, car c'est encore à Pierre que je parle, c'est à lui que je dis : *Paul marche lentement.*

Cependant tout le monde reconnaît unanimement *nous marchons* pour une première personne, et *Paul marche* pour une troisième. Cette seconde définition n'est donc pas moins inexacte que la première. Passons à la troisième, peut-être serons-nous plus heureux cette fois.

« La troisième personne est celle de qui l'on parle. »

Qu'une personne, me voyant parler avec des amis, m'aborde et me demande *de qui je parle*, et que je lui réponde : Je parle de moi *qui suis* malade, et de vous *qui êtes* bien portante. (Moi) *qui suis* sera, d'après la définition, une troisième personne, puisque c'est *de moi* que je parle, puisque je suis la personne *de qui* je parle. (Vous) *qui êtes* sera aussi une troisième personne, puisque c'est *de vous* que je parle, puisque vous êtes la personne *de qui* je parle. Mêmes remarques sur cette troisième définition. Tous les grammairiens s'accordent à reconnaître (moi) *qui suis* pour une première personne, et (vous) *qui êtes* pour une seconde. Cette définition n'est donc pas plus juste que les deux autres. C'est une chose assez remarquable que, guidés à leur insu par la droite raison, les grammairiens abandonnent, comme nous venons de le faire voir, leurs définitions toutes les fois qu'il s'agit de les appliquer.

2.º Les explications que nous avons données au commencement de ce chapitre pourraient bien tenir lieu de définitions ; mais comme nous désirons de voir remplacer les anciennes définitions, qui sont fausses et inexactes, par des définitions justes et exactes, nous prendrons la peine d'en formuler pour les *personnes* et pour les *nombres*.

La première personne est celle qui énonce seulement son existence ou ses actions, comme *je suis, je fus, j'écris, j'écrirai*; ou bien qui énonce tout à la fois son existence ou ses actions, et l'existence ou les actions d'un ou de plusieurs individus, comme *nous étions, nous serons, nous écrivons, nous écrivîmes*.

La seconde personne, est celle dont on énonce l'existence ou les actions, en lui adressant la parole, comme *tu es, tu étais, tu fus, vous êtes, vous étiez, vous fûtes; tu écris, tu écrivis, vous écriviez, vous écrirez*.

La troisième personne est celle dont on énonce l'existence ou les actions, sans lui adresser la parole, sans la mettre en scène, comme *il*, *elle est*, *ils*, *elles étaient*, *les hommes sont* naturellement égaux ; *il*, *elle écrira*, *ils*, *elles écriront*, *Louis écrivait*, *Pierre* et *Paul écrivirent*.

N. B. Nous avons divisé la définition de la première personne, parce que cette personne n'a pas de pluriel qui lui soit propre, et qu'elle n'en a que par extension, ainsi que nous allons bientôt le démontrer.

Les personnes dans les verbes sont des signes de concordance qui ajoutent à l'idée fondamentale, exprimée par tel ou tel verbe, l'idée accessoire d'appartenance, de relation à une première, à une seconde ou à une troisième personne.

Les nombres dans les verbes sont aussi des signes de concordance qui ajoutent à la signification fondamentale d'un verbe l'idée accessoire d'appartenance, de relation à une personne du nombre singulier, ou à une personne du nombre pluriel.

QUESTIONS. 1.° *Nous* est-il le pluriel de *moi ?*

Le pluriel se compose, ainsi que nous l'avons déjà fait remarquer, de l'addition d'unités similaires, ou de la répétition de la même unité. Qu'on nous dise, par exemple, *voilà deux hommes*, nous voyons dans cette énonciation *un homme*, plus *un homme*. Ce sont réellement deux unités similaires que nous pouvons additionner. *Deux hommes* forment donc bien un pluriel. Mais qu'on nous dise *voilà un homme et un cheval*, nous ne pourrons additionner l'homme avec le cheval, parce que ce sont deux unités dissimilaires, dont l'addition ne pourrait former ni deux hommes ni deux chevaux. Appliquons ces principes au personnatif *nous*, et voyons s'il se compose de plusieurs *moi*. Si, par exemple, m'adressant à Pierre, je lui dis : *Pierre, nous travaillerons ensemble*, comment pourrai-je trouver *deux moi* dans cette phrase ? Quelles sont en effet les personnes qui travailleront ? c'est incontestablement *toi* (Pierre) et *moi*. Ce ne peut donc pas être *moi* et *moi*. Il en sera de même dans tous les cas possibles. *Nous* se composera toujours de *moi* et d'un ou de plusieurs noms ; mais jamais de *moi* et de *moi*. *Nous* n'est donc pas, comme on ne cesse de le répéter, le pluriel de *moi*.

Qu'est-ce que c'est donc que *nous ?* c'est, dit le savant Lemare, un mot pluriel, mais un pluriel par extension, formé par l'impérieux besoin de la brièveté. C'est un substantif récapitulant, où l'idée de *moi* prédomine, et ne laisse subsister des autres objets récapitulés que l'idée numérique, abstraction faite de celle de relation.

2.° *Vous* est-il le pluriel de *toi ?* — Il l'est quelquefois, mais pas toujours. Il l'est, quand, en parlant à plusieurs individus, on énonce leur existence ou leurs actions. Si, m'adressant à Pierre et à Paul, je leur dis : *Vous travaillez avec ardeur*, *vous* est le pluriel de *toi* ; car il se compose évidemment de *toi* (Pierre) et de *toi* (Paul). Mais si, parlant à Pierre, je lui dis : *Toi et ton frère vous partirez demain pour Paris. Vous* n'est plus ici le pluriel de *toi*, c'est seulement un pluriel par extension, où l'idée de *toi* prédomine.

3.° Le personnatif *il*, *elle*, a un pluriel qu'on peut toujours justifier. Car, ou il se rapporte à des êtres similaires, ou il se rapporte à des êtres dissimilaires. Quand il se rapporte à des êtres similaires, le pluriel ne peut pas être douteux, puisque ces êtres remplissent les conditions reconnues nécessaires pour pouvoir être additionnés. Supposons donc qu'il s'agisse d'êtres dissimilaires ; par exemple, d'un lion et d'un taureau, et, qu'en parlant de ces deux animaux, nous disions : *Ils se battent. Ils* ne sera, nous en convenons, le pluriel ni de *lion* ni de *taureau*, êtres dissimilaires qui ne peuvent, par conséquent, être additionnés ; mais il sera le pluriel de *il*, personnatif qui représente un être de troisième personne. *Ils* pluralisera donc deux êtres de troisième personne, similarité suffisante pour qu'ils puissent être additionnés.

2.° Des Modes.

Notre observateur ne tardera probablement pas à remarquer qu'une action et un état peuvent être considérés sous différents points de vue. Qu'ils peuvent l'être, par exemple, comme un fait ou positif, ou douteux, ou voulu, ou conditionnel, ou subordonné, ou vague. Dès qu'il aura fait cette remarque, il sentira le besoin de modifier les verbes de manière qu'ils puissent exprimer ces différentes vues de l'esprit, et il sera ainsi conduit à l'invention des *modes*, qui ne sont autre chose que les diverses manières d'énoncer une action ou un état, suivant nos différentes façons de les concevoir.

Il pourra donc établir les modes suivants :

1.° L'*affirmatif*, mode par lequel il énoncera une action comme un fait positif, certain : *Je frappe, tu frapperas.*

2.° L'*interrogatif*, mode par lequel il s'informera de la réalité d'une action : *Pleut-il ? Viendrez-vous ?*

3.° L'*impératif* ou *volitif*, mode par lequel il énoncera une action comme voulue, excitée ou commandée par une première personne qui n'est jamais exprimée : *Marche, marchons, marchez.* (*Marche*, en effet, équivaut à *tu marcheras, je le veux, je le désire*, ou *je l'ordonne.*)

4.° Le *conditionnel*, mode par lequel il énoncera une action comme hypothétique : *J'examinerais* l'affaire, si le temps me le permettait.

5.° Le *subjonctif*, mode par lequel il représentera une action comme subordonnée à une exigence libre ou nécessaire, exprimée ou sous-entendue : *Je veux, il faut que tu viennes. Qu'il s'en aille.*

4

6.° L'*indéfini* ou *impersonnel*, mode par lequel il énoncera une action d'une manière abstraite, vague, indéfinie : *Marcher.*

N. B. Tout ce que nous disons ici sur les différentes manières d'énoncer une action, doit s'appliquer également aux différentes manières d'énoncer un état.

REMARQUES. 1.° Il faut bien se garder de croire que notre observateur ne puisse inventer d'autres modes que les six qui précèdent, puisque ces six modes sont bien loin d'exprimer toutes les vues de l'esprit, toutes les manières dont une action et un état peuvent être envisagés. Il aurait pu, par exemple, inventer l'optatif, le potentiel, &c., &c. Si nous l'avons arrêté dans sa marche, c'est que ces six modes sont les seuls qui soient admis dans la langue française (langue que nous avons principalement en vue dans ce Traité) ; c'est que d'ailleurs, ils sont suffisants pour exprimer nos différentes manières de sentir et de penser (nous les varions, nous les modifions tellement, en effet, par les mots dont nous accompagnons les verbes, que nous pouvons rendre avec précision les nuances presque infinies de la pensée) ; c'est enfin que les vues de l'esprit sont si nombreuses, qu'il serait impossible d'inventer assez de modes pour les exprimer toutes, et que, puisqu'on est forcé de se borner, il vaut mieux se contenter d'un petit nombre de modes, dont les désinences se retiènent facilement, que d'en inventer un grand nombre, dont la multiplicité des désinences surchargerait inutilement la mémoire et ne lui permettrait pas de les retenir.

2.° Toutes les langues n'ont pas le même nombre de modes. Elles remplacent par des périphrases ceux qui leur manquent. Les Grecs, les Latins et les Anglais n'ont pas le mode conditionnel. Les Grecs, en revanche, ont l'optatif, dont nous sommes privés. L'impératif, incomplet dans la plupart des langues, manque presque entièrement dans la langue anglaise. Ce mode n'a effectivement dans cette langue qu'une seule forme pour le singulier et le pluriel : *Strike*, frappe, frappez. L'impératif français n'a que les trois formes suivantes : *Frappe, frappons, frappez*; il emprunte la troisième personne au mode subjonctif. Les Grecs et les Latins, qui n'ont pas à l'impératif de première personne plurielle, y possèdent une troisième personne, tant au singulier qu'au pluriel : *Tuptetô, tuptetôsan, verberato, verberanto.*

3.° Les modes peuvent se diviser en *personnels* et en *impersonnels*. Les modes personnels sont ceux qui possèdent des désinences relatives aux personnes. Les modes impersonnels sont ceux qui n'ont point de désinences relatives aux personnes. Nous avons en français cinq modes personnels, savoir : l'*affirmatif*, l'*interrogatif*, l'*impératif*, le *conditionnel* et le *sub-*

jonctif. Nous n'avons qu'un mode impersonnel, c'est l'*indéfini*, qu'on peut aussi appeler *impersonnel*, puisqu'il a pour signe caractéristique d'être privé des désinences personnelles dont les autres modes sont nécessairement revêtus.

4.° A l'exemple de quelques grammairiens, nous avons substitué la dénomination caractéristique de mode affirmatif à la dénomination vague de mode indicatif. Cette dernière dénomination ne peut en effet rien caractériser, c'est une épithète qui convient également à tous les modes, puisqu'ils sont tous nécessairement indicatifs de quelque manière d'être, d'agir ou de quelque vue de l'esprit.

5.° La plupart des grammairiens n'admettent pas notre mode interrogatif. C'est probablement parce que les désinences de ce mode sont presque toujours les mêmes que celles de l'affirmatif, et qu'ils pensent avec Dumarsais « que ce n'est pas la différence « de service, mais uniquement les inflexions ou désinences, qui « doivent faire les divers modes des verbes. » Ces grammairiens font, ce nous semble, une trop rigoureuse application du principe de Dumarsais, en le regardant comme une règle absolue qui ne souffre aucune exception. Nous pensons qu'ils n'auraient dû le considérer que comme une règle générale, susceptible d'en admettre quelques-unes. En effet, ce savant grammairien leur en avait donné l'exemple en reconnaissant le mode impératif, dont les désinences, excepté dans quelques verbes irréguliers, sont semblables à celles de l'affirmatif. Pourquoi a-t-il ainsi fléchir la rigueur de son principe? Pourquoi n'a-t-il pas confondu deux modes dont les désinences sont semblables? c'est évidemment parce qu'ils expriment des idées accessoires différentes; c'est parce que l'affirmatif représente l'action comme positive, comme certaine; tandis que l'impératif la représente seulement comme voulue, comme désirée, et par conséquent, comme peu certaine. Dumarsais a donc pensé avec raison que ces deux manières distinctes d'énoncer une action devaient recevoir des dénominations différentes, devaient former deux modes. C'est donc tout à la fois suivre l'exemple de Dumarsais et les règles d'une saine idéologie que de distinguer le mode interrogatif du mode affirmatif, puisque ces deux modes expriment des idées accessoires non-seulement différentes, mais entièrement opposées. La dénomination de mode affirmatif, appliquée à l'interrogation, formerait évidemment un contre-sens; car si l'on ne doit affirmer que quand on est certain, on ne doit aussi interroger, du moins sérieusement, que quand on est incertain. Si, par exemple, je me promène dans mon jardin, que je voie tomber de la pluie et que je dise *il pleut*, c'est un fait que j'énonce avec certitude. Mais si je suis dans une cave sourde et obscure, qu'une personne y descende et que je lui adresse cette question : *Pleut-il?* Loin d'affirmer alors qu'il pleut, je fais savoir à cette personne que je l'ignore entièrement et que je désire le savoir. Ainsi, comme on le voit par cet exemple, il existe entre l'affirmation et l'interrogation la même différence qu'entre la certitude et le doute. On doit donc, sous peine d'introduire la confusion dans le langage grammatical, donner aux formes qui expriment l'affirmation et l'interrogation, des dénominations différentes, en faire des modes distincts.

6.º Le subtil Beauzée, dont l'opinion a été adoptée par quelques grammairiens, enseigne que l'*infinitif* (l'impersonnel), sans cesser d'être verbe, est effectivement *nom*. *Un même mot tout à la fois verbe et nom!* (*Credat Judœns Apella ; non ego.*) N'est-ce pas là confondre deux choses essentiellement distinctes, la substance et la modification, en confondant et en réduisant à un seul les signes qui doivent les représenter. Quoi! le même mot rappèlerait en même-temps l'idée de la substance et l'idée de la modification, l'idée du contenant et celle du contenu! Non, cela n'est pas possible; ces deux idées, essentiellement distinctes, doivent être nécessairement représentées par deux mots différents : l'idée de la substance ou du contenant par un nom ; l'idée de la modification ou du contenu par un modificatif.

Les partisans de l'opinion de Beauzée, sans se mettre en peine de réfuter notre raisonnement, se contenteront peut-être de nous répondre : « L'impersonnel est un verbe, vous ne sauriez le mé- « connaître, c'est en même-temps un nom, puisqu'on dit *le* « *boire*, *le manger*, *le dormir*, &c. ; qu'on pluralise même « *les impersonnels*, *les dîners*, *les soupers*, *les dires*, &c. Les « impersonnels sont donc tout à la fois des *verbes* et des noms. »

Cette réponse, qu'on ne nous accusera pas d'avoir affaiblie, n'est que spécieuse. L'impersonnel est un véritable verbe, nous sommes d'accord sur ce point avec Beauzée. Ce mode ne diffère des autres que parce qu'il est entièrement privé de désinences personnelles, et, par conséquent, des idées accessoires que ces désinences expriment. C'est principalement à la privation de ces désinences qu'il est redevable de la faculté dont il jouit de pouvoir facilement se substantifier. Mais (ce que Beauzée aurait dû remarquer) il ne peut devenir substantif sans cesser d'être verbe. Ainsi, dans les exemples précités, *boire* est un nom, puisqu'il représente l'idée de la boisson ; mais ce n'est plus un verbe ; puisqu'il n'exprime point l'action de boire. Ce mot n'est donc pas tout à la fois un nom et un verbe. L'opinion de Beauzée est donc inadmissible. Mais abondons, pour un instant, dans le sens de Beauzée. Supposons que la faculté de se substantifier, dont jouit le verbe au mode impersonnel, soit suffisante pour établir qu'il est en même temps verbe et nom, que résultera-t-il de cette supposition? Il en résultera évidemment qu'une partie du discours qui peut s'employer substantivement, peut, sans changer de nature, être en même-temps un nom. Or, comme toutes les parties du discours, ainsi que nous allons le prouver par des exemples, peuvent se substantifier, il s'en suit que chaque partie pourra en représenter deux à la fois; qu'elle aura, comme Janus, une double face; qu'un même mot pourra être en même-temps modatif et nom, interjection et nom, &c.

Ainsi le principe posé par Beauzée, qui s'applaudit complaisamment d'avoir porté sur cet objet le flambeau de la métaphysique, aurait pour conséquence nécessaire de saper toutes les bases de l'idéologie, de confondre tous les éléments du discours, et de rendre inintelligible le langage grammatical.

Voici des exemples qui viennent à l'appui de ce que nous avons avancé, et qui prouvent que toutes les parties du discours peuvent s'employer substantivement.

INTERJECTIONS OU EXCLAMATIONS.

Il fit de *grands hélas.* Voyez *le bel hélas.* (Académie.)

MODIFICATIFS.

Laissez dire *les sots*, le savoir a son prix. (La Fontaine.)

Un trafiquant, un commis, c'est le bœuf. (Idem.)

SURMODIFICATIFS (Adverbes).

Jamais, *au grand jamais*, je ne ferai cela. (Académie.)

Savoir *le pourquoi* et *le comment* d'une chose. (Idem.)

RELATIFS D'IDÉE (Prépositions).

Certes, mon père, voici une rencontre où *le pour* et *le contre* sont bien probables. (Pascal.)

RELATIFS DE PENSÉE (Conjonctions).

Les si, les car, les contrats sont la porte
Par où la noise entra dans l'Univers. (La Fontaine.)

Définitions.

L'*affirmatif* est un mode qui représente une action ou un état comme un fait certain, positif.

L'*interrogatif* est un mode qui représente une action ou un état comme un fait incertain, de la réalité duquel on désire de s'assurer.

L'*impératif* est un mode qui énonce une action ou un état comme voulu, désiré ou commandé par une première personne qui est toujours sous-entendue.

Le *conditionnel* est un mode qui énonce une action ou un état comme dépendant d'une condition.

Le *subjonctif* est un mode qui représente une action ou un état comme subordonné à une exigence libre ou nécessaire, exprimée ou sous-entendue.

L'*impersonnel* est un mode qui énonce une action ou un état d'une manière abstraite, vague, indéfinie.

3.° *des Voies.*

Notre observateur a déjà remarqué qu'un être peut remplir successivement deux rôles opposés, qu'il peut être tour-à-tour *agent* ou *patient*, c'est-à-dire dans un état actif ou passif. Il est probable que quand il voudra exprimer ces deux états opposés, l'*activité* et la *passivité*, il croira qu'il est nécessaire d'employer deux mots *distincts*; qu'il sera ainsi conduit aux deux voix des grammairiens, à la *voix active* et à la *voix passive* (1), et qu'il divisera les verbes en *verbes actifs* et en *verbes passifs*.

S'il vient ensuite à réfléchir sur les moyens qu'il a employés pour exprimer dans les noms les idées accessoires de nombre et de genre, il pensera qu'il est possible d'exprimer l'activité et la passivité, en donnant à un seul et même radical des désinences différentes. (C'est effectivement ainsi qu'au radical *percut*, qui désigne l'action de frapper, les Latins, en ajoutant la désinence active *it*, expriment l'activité, *percutit*, *il frappe*, et qu'en ajoutant la désinence passive *itur*, ils expriment la passivité, *percutitur*, *il est frappé*.) Alors il réformera son premier jugement. Il verra qu'il n'est pas indispensable d'avoir deux mots distincts pour exprimer l'activité et la passivité, qui sont dans les verbes de pures idées accessoires comme le sont dans les noms le nombre et le genre. Il verra qu'il suffit d'avoir un mot qui admette des désinences propres à exprimer ces deux idées accessoires. De cette

---

(1) *Voix* vient du latin *vox*, mot. Les premiers grammairiens ont donné le nom de voix aux désinences qui expriment l'activité ou la passivité, parce qu'ils ont cru qu'il y avait réellement des verbes actifs et des verbes passifs, que c'étaient des mots distincts, et qu'ils représentaient des idées spécifiquement différentes. Les grammairiens qui leur ont succédé, ont adopté leur erreur, faute d'avoir considéré que l'activité et la passivité ne sont que des idées accessoires ajoutées à l'idée fondamentale, exprimée par le *radical* de chaque verbe. En effet, le radical, dans tous les verbes réguliers, ne change jamais (à moins que ce ne soit pour cause d'euphonie), il admet seulement des désinences propres à exprimer les nombreuses idées accessoires dont il est susceptible de se charger. Ainsi l'activité et la passivité ne constituent pas plus deux espèces différentes de verbes que les autres modifications que reçoivent les radicaux des verbes, et l'on ne peut pas plus dire *verbe actif*, *verbe passif*, qu'on ne dirait *verbe affirmatif*, *verbe conditionnel*, *verbe présent*, *verbe passé* ou *futur*, *verbe de première* ou *de seconde personne*, *verbe singulier* ou *pluriel*. Dans tous ces cas, ce serait confondre les parties spécifiques du discours avec leurs propres modifications.

remarque qu'un seul et même mot, différemment modifié, peut exprimer l'activité et la passivité, notre observateur conclura qu'il doit supprimer sa première division des verbes en *verbes actifs* et en *verbes passifs*.

REMARQUES: 1.° L'activité et la passivité, ou, pour nous conformer au langage reçu, la voix active et la voix passive, ne sont donc qu'une des nombreuses modifications du verbe, et ne peuvent, par conséquent, constituer deux verbes différents. Ainsi on doit cesser, si l'on veut s'exprimer avec justesse, de dire qu'un verbe est actif ou passif; on doit dire qu'il est à la voix active ou à la voix passive, ou plus abréviativement, qu'il est à l'actif ou au passif, comme on dit qu'il est à l'affirmatif ou au subjonctif, &c.

2.° *Percutit* et *percutitur* ne sont donc pas deux verbes différents, comme l'enseignent presque tous les grammairiens; ils ne renferment pas non plus, comme ils l'enseignent encore, le verbe *esse* et deux sortes de modificatifs, *percutiens* et *percussus*; en d'autres termes, *percutit* ne se résout point en *est percutiens*, *il est frappant*, ni *percutitur* en *est percussus*, *il est frappé*. Une telle composition est inadmissible. Nous demanderons, en effet, aux grammairiens, qui prétendent qu'on a formé *percutit* de *percutiens*, en retranchant la terminaison *iens*, et en la remplaçant par la désinence *it*, ce qu'on a retranché de *percussus* pour former *percutitur*. Ils seront forcés de nous répondre qu'on en a retranché la terminaison *us*, et qu'on l'a remplacée par la désinence *itur*. Fort bien; mais alors, au lieu de *percutitur*, on aura le barbarisme *percussitur* qui sonnerait fort mal aux oreilles des anciens Romains. *Percutitur* ne se forme donc pas du modificatif *percussus*. Il se forme, comme nous l'avons déjà dit, du radical *percut*, auquel on ajoute la désinence passive *itur*. Par une raison semblable, *percutit* provient aussi du même radical.

Percut doit être considéré comme un modificatif vague, abstrait, qui n'est ni actif ni passif, qui exprime seulement la percussion ou l'action de frapper, qui se prête à toutes les modifications dont le verbe est susceptible, et qui sert également à l'actif et au passif, en revêtant, pour l'actif, les désinences actives *io*, *is*, *it*, &c., et pour le passif, les désinences passives *ior*, *eris*, *itur*, &c.

Nous convenons maintenant, nous dira-t-on peut-être, que *percussus* n'entre point dans la formation de *percutitur*, et que, par cette raison, ce dernier mot ne se décompose pas en *est percussus*; mais nous soutenons, et cette fois nous avons pour nous la presque unanimité des grammairiens, nous soutenons que *percutit* se forme de *percutiens*, et que, par conséquent, il se résout en *est percutiens*. — Voilà, certes, un principe étrangement établi et une conséquence singulièrement déduite.

Les grammairiens, dites-vous, affirment que *percutit* se forme de *percutiens*. Ils l'affirment! Il vaudrait mieux qu'ils le prouvassent. Nous allons tâcher de démontrer le contraire, en nous appuyant sur des principes que nous croyons incontestables.

Un mot quelconque, tel que *percutit*, ne peut être composé que de deux parties, l'une, fixe, invariable, qu'on appèle *radical*; l'autre, variable, qu'on appèle *désinence*. (Nous ne parlons pas ici des particules inceptives qui modifient la signification des mots; parce qu'elles sont étrangères à la question qui nous occupe.) Un radical, tel que *percut*, est un mot, ou partie de mot, qui exprime une idée fondamentale d'une manière abstraite, vague, générale, sans pouvoir jamais exprimer par lui-même aucune idée accessoire; mais qui peut en exprimer à l'aide des désinences qu'il reçoit et qui achèvent de l'organiser, comme mot. Cela posé, *percutiens* n'est pas un radical, c'est un mot complet qui ne peut entrer dans la formation de *percutit*. En effet, *percutiens* est composé du radical *percut*, et de la désinence *iens*; désinence qui est propre à exprimer les idées accessoires d'activité, de genre, de nombre et de cas. Il n'a donc aucun des caractères d'un radical, mais bien toutes les propriétés d'un mot complètement organisé, puisqu'à l'idée fondamentale de percussion, il joint les idées accessoires que nous venons d'énumérer. Il ne peut donc pas concourir à la formation de *percutit*. Voilà pour le principe; passons à la conséquence. Il est certain d'abord qu'un tout ne peut se décomposer qu'en ses parties constitutives. Or, nous venons de démontrer que *percutiens* n'est point une partie constitutive de *percutit*; donc ce dernier mot ne peut se résoudre en *percutiens* et en un autre mot qu'on lui adjoint avec aussi peu de raison. Quand, effectivement, nous accorderions pour un instant, contre l'évidence, que *percutit* se forme de *percutiens*, on ne serait guère plus avancé pour prouver que *percutit* se résout en *est percutiens*, puisqu'il est impossible, même dans cette supposition, de démontrer que le verbe *est* fait partie de *percutit*, puisque tout prouve, au contraire, qu'il n'en fait pas partie, car *percutit* est évidemment composé du radical *percut* et de la désinence *it*, qui exprime l'activité, ce que ne saurait exprimer le verbe *est*. Nous insisterons principalement sur ce fait (car il tranche péremptoirement la question), qu'entre autres idées accessoires, la désinence *it* exprime une idée d'activité, et qu'elle ne peut, par conséquent, être remplacée que par une désinence qui exprime cette même idée. Or, *est*, qui n'est pas une désinence, mais un verbe complet exprimant l'existence, ne peut, de l'aveu de nos adversaires, exprimer l'activité. *Est* ne peut donc pas entrer dans la formation de *percutit*. Le raisonnement que nous venons de faire s'applique également à tous les verbes qui sont à la voix active. Ces verbes ne peuvent donc pas se résoudre en leur modificatif actif et le verbe *esse*. Ainsi, dans toutes les hypothèses, la conséquence des grammairiens est mal déduite.

3.° La langue française n'a pas de voix passive (car la voix est la propriété qu'a le verbe d'exprimer par lui-même, et sans le secours d'aucun mot étranger, l'idée accessoire d'activité ou de passivité) ; elle est forcée de remplacer cette voix par une périphrase composée du verbe être et d'un modificatif passif. Elle traduit, par exemple, le *percutior* des Latins et le *tuptomai* des Grecs par *je suis frappé*.

Si l'on a cru jusqu'ici que notre langue a deux voix, c'est uniquement parce que nos premiers grammairiens, qui ne voyaient le français que dans le latin, ont enseigné qu'à l'imitation des Latins nous avions une voix passive, et ce qui doit étonner, pour peu qu'on y réfléchisse, c'est que les grammairiens qui les ont suivis aient répété en chœur que nous avons une voix passive, sans s'appercevoir le moins du monde qu'ils prenaient une périphrase pour un mot.

Comparée au latin et surtout au grec, la langue française paraît ici bien pauvre ; car la richesse d'une langue, si nous ne nous trompons, ne consiste pas à posséder un vocabulaire extrêmement étendu ; effectivement, l'immense multiplicité des mots est une fécondité stérile qui ne sert presque toujours qu'à surcharger inutilement la mémoire. La langue la plus riche, selon nous, est celle qui possède un vocabulaire suffisant pour exprimer toutes les idées fondamentales, et dont les mots sont susceptibles de se charger du plus grand nombre d'idées accessoires, avantage qui provient d'un bon système particulaire et désinentiel. C'est parce que la langue grèque a su allier l'emploi d'un nombre prodigieux de particules avec le plus beau système désinentiel connu, qu'elle est regardée avec raison comme la plus riche des langues européennes.

4.° La langue française n'a donc qu'une voix, que la voix active. Jamais, dit Lemare, nous n'aurions eu l'idée de cette modification, si nous ne l'avions puisée dans les langues où il y a plusieurs voix, de même qu'on n'eût jamais songé à créer le mot *bleu*, s'il n'y avait eu que cette couleur.

4.° *Des Temps.*

Notre observateur, en considérant une action qui se répète à des intervalles à-peu-près égaux, pourra facilement acquérir une notion exacte de la durée et du temps. Supposons qu'après avoir considéré pendant plusieurs jours de suite le lever et le coucher du soleil, il regarde cet astre à l'instant où il se lève, à cette vue il aura l'idée d'une action présente, de l'action de se lever, faite actuellement par le soleil. Il pourra ensuite se rappeler qu'il a déjà vu cette action se répéter plusieurs fois , ce souvenir lui procurera l'idée d'une action passée. Accoutumé à voir le lever et le coucher du soleil se succéder tour-à-tour, il sera porté naturellement à regarder cette succession comme constante , et cette considération lui donnera l'idée d'une action future. Il pourra enfin considérer que son existence n'a pas cessé de coïncider avec toutes ces actions passées , qu'elle coïncide avec l'action présente , et qu'elle pourra coïncider avec une action future , et il acquerra ainsi l'idée de la durée *qui n'est rien autre chose qu'une succession d'instants , ou une continuation d'existence.* Il ne se contentera probablement pas de l'idée générale de la durée. Sa curiosité naturelle devra le porter à chercher les moyens de l'évaluer, de la mesurer. Il cherchera donc une mesure qui puisse lui servir d'unité. Deux sortes de mesures pourront s'offrir à son esprit. La première, qu'il trouvera en lui-même , sera la succession des perceptions de sa substance intelligente. La durée de chaque perception pourra lui servir d'unité de mesure. La seconde sera la durée de la révolution diurne du soleil autour de la terre. (Peu importe pour notre observateur que cette révolution soit réelle ou qu'elle ne soit qu'apparente, puisque la mesure de la durée qu'elle offre est la même dans l'une ou l'autre hypothèse.) Il est très-probable qu'il rejetera la première mesure comme trop peu constante, et comme très-difficile à employer , et qu'il adoptera la seconde, ainsi que l'ont fait tous les peuples comme d'un commun accord , parce qu'elle frappe les regards des personnes les moins attentives , et que son application est fort aisée.

Après avoir pris pour unité de mesure la révolution de la terre autour de son axe, ou le jour , il devra, pour mesurer les plus petites sections de la durée, diviser et subdiviser l'unité principale. La diviser, par exemple , en vingt-quatre parties égales, ou heures ; diviser l'heure en soixante parties égales, ou minutes , &c. ; &c. Il devra aussi, pour mesurer les plus grandes sections de la durée , prendre des multiples de l'unité principale. Enfin , il pourra donner à ces différentes sections de la durée le nom de *temps* (1).

---

(1) *Temps*, du grec *temnéin , couper , diviser.* Le temps, en effet, partage la durée en jours , en mois, en années , en siècles , ou bien en heures, en minutes, etc. Le temps est donc une section , une mesure de la durée.

La définition du temps, qui se déduit si facilement de la notion de la durée, a cependant paru embarrassante au célèbre évêque d'Hyppone, comme il l'avoue par ces paroles : « *Quid sit tempus, si rogas, nescio ; si non rogas, » intelligo.* »

Ce passage du savant docteur de la grâce est une preuve, entre mille, que l'art de définir est de tous les arts le plus difficile.

Maintenant que notre observateur a des idées précises de la durée et du temps, des actions passées, présentes et futures, il cherchera sans doute à coordonner les faits passés, à se les rappeler dans l'ordre des temps où ils se sont accomplis; mais il ne se livrera pas long-temps à cette revue rétrospective, sans éprouver le besoin de placer des points fixes, ou *époques* (1), auxquels il puisse les rapporter. Il remarquera que le présent, qui n'est qu'un point de séparation placé entre le passé et l'avenir, ne peut avoir qu'une époque; mais que l'avenir ou le futur, qui comprend une durée indéfinie, peut en recevoir un très-grand nombre; que le passé peut aussi se partager en une grande quantité d'époques. Il partagera naturellement la durée en trois sections, en trois temps, savoir: le passé, le présent et le futur. Il reconnaîtra que le passé en général est toute la durée écoulée avant le moment actuel; que le passé en particulier est telle ou telle fraction de cette durée; que le présent est le moment actuel, et que ce temps n'admet aucune division; que le futur en général est une durée indéfinie, illimitée, qui est postérieure au moment actuel, et que le futur en particulier est aussi une durée postérieure, qui se trouve limitée, déterminée par une époque. Pour mesurer plus facilement les différentes sections de la durée, il pourra les rapporter à un certain nombre de portions de durée circonscrites ou périodes (2).

L'unité principale, ou le temps que la terre emploie à faire sa révolution diurne, formera le jour, ou la première période. Sept de ces unités formeront la semaine, ou la seconde période. Trente ou trente-un jours formeront le mois ou la troisième période. Douze mois formeront l'année ou la quatrième période. Enfin, cent années formeront le siècle, ou la cinquième et dernière période.

N. B. On sentira parfaitement, sans que nous ayons besoin de le dire, que notre observateur n'aura pu établir toutes ces périodes, qu'après avoir calculé, du moins approximativement, la durée de la révolution de la lune autour de la terre, et la durée de la révolution apparente du soleil dans l'écliptique.

---

(1) *Époque* vient du grec *époché*, substantif qui exprime l'action d'arrêter, du verbe *épechô*, j'arrête; parce que les époques arrêtent, pour ainsi dire, la mobilité des instants, et nous procurent ainsi les moyens de considérer séparément les événements qui les ont précédées, ceux qui ont coïncidé avec elles, et ceux qui les ont suivies.

(2) *Période* vient du grec *péri*, autour, et *odos*, chemin; littéralement *circuit*, c'est-à-dire chemin qu'on fait en tournant pour revenir au point de départ. C'est ainsi qu'on nomme *période* la révolution d'un astre autour de son orbite. Une période de temps est une portion de la durée renfermée entre deux époques. Ainsi limitée de toute part, elle est comme un espace autour duquel on peut tourner.

Il est probable que, non content de ces découvertes, notre observateur cherchera encore le moyen d'indiquer par le verbe même l'époque à laquelle se rapporte l'action qu'il exprime. Ce moyen, qui lui sera indiqué par ceux qu'il a déjà employés, consistera aussi dans un changement de désinences.

Il ne manquera pas non plus de remarquer qu'une action n'est passée, présente ou future, que relativement à une époque prise pour terme de comparaison. Dès-lors il sentira la nécessité d'en choisir une à laquelle il puisse comparer les diverses sections de la durée. Son choix tombera vraisemblablement sur celle qui correspond à l'instant de la parole, car c'est cette époque qui sert naturellement de point de départ pour partager, ainsi qu'il l'a fait, la durée en trois temps principaux, le présent, le passé et l'avenir. Mais, en adoptant cette époque, il ne devra pas perdre de vue qu'il aurait pu en choisir une autre, à laquelle il aurait aussi rapporté les trois principales sections de la durée, et que, relativement à cette époque, ou à toute autre, les actions peuvent être également présentes, passées ou futures.

REMARQUES. 1.º Les verbes sont loin d'avoir le même nombre de temps dans toutes les langues. Les verbes grecs, par exemple, comptent plus de temps que les verbes latins. Ceux-ci, à leur tour, en ont plus que les verbes français. Quant aux verbes anglais, ils en sont presque entièrement privés. Ces verbes, en effet, qui manquent de deux modes, le conditionnel et le subjonctif, qui n'ont que deux temps au mode affirmatif et une seule forme à l'impératif, ne comptent en tout que cinq désinences distinctes. Pour suppléer à ce défaut de désinences, les Anglais sont forcés d'employer deux verbes au lieu d'un, et de dire, par exemple, *je dois*, ou *je veux aimer*, pour exprimer le futur *j'aimerai*. Ils nomment signes les verbes *devoir*, *pouvoir* et *vouloir*, qui leur tiennent lieu de système désinentiel; ces signes, qu'on rencontre dans presque toutes leurs phrases, ont le double défaut de rendre leur style traînant et monotone.

2.º Les verbes ne peuvent exprimer la durée d'une action; ils ne peuvent en indiquer que l'époque. Les verbes n'ont donc pas de véritables temps, car le temps, proprement dit, est une portion, une fraction, une mesure quelconque de la durée, par exemple, un jour, un mois, une année. Si l'on veut exprimer la quantité de la durée, il faut ajouter au verbe un nom de mesure qui la fasse connaître. Ainsi, dans cet exemple, *Pierre travailla un jour*, *une semaine*, le verbe *travailla* indique seulement l'époque ou la section de la durée à laquelle correspond l'action de travailler, les noms de mesure *jour* et *semaine* font seuls connaître combien a duré cette action.

Le mot *temps* a donc deux sens bien distincts, selon qu'il

s'applique ou qu'il ne s'applique pas aux verbes. Dans le premier cas, il indique seulement à quelle section de la durée appartient une action. Dans le second cas, il exprime une quantité plus ou moins grande de la durée.

Nombre, dénominations et définitions des Temps de la Langue française.

La langue française a huit temps, savoir : un présent, deux passés et un futur au mode affirmatif; un futur à l'impératif; un futur au conditionnel; un futur et un passé au subjonctif.

TEMPS DU MODE AFFIRMATIF.

Le présent énonce l'action comme coïncidant avec l'instant de la parole, comme s'exécutant en même-temps qu'on l'exprime. *Vous écrivez, vous parlez.* C'est le présent absolu actuel, vous écrivez, vous parlez actuellement. Souvent cette forme exprime un acte habituel : *Il entend mieux l'anglais qu'il ne le parle.*

Le passé simultané énonce une action passée relativement à l'instant de la parole comme coïncidant avec une action ou une époque également passée : *Je lisais* quand *vous entrâtes.* L'action de lire, antérieure à l'action de la parole, est représentée comme coïncidant avec l'action d'entrer. La simultanéité est donc le caractère distinctif de ce temps.

Le passé simultané peut aussi exprimer un acte habituel : *Il écrivait assez bien dans sa jeunesse.* Dans ce cas même, la dénomination de ce temps ne cesse pas d'être juste, puisque l'action d'écrire est représentée tout à la fois comme passée et comme coïncidant avec une époque antérieure à l'instant de la parole.

Le passé périodique exprime une action faite dans une période entièrement révolue : *Vous travaillâtes hier.*

Nous ferons observer à nos lecteurs que la période dans laquelle l'action s'est faite ne peut pas être moindre qu'un jour. On ne pourrait donc pas dire : *Vous travaillâtes ce matin.*

IMPÉRATIF.

L'*impératif* n'a qu'un temps. C'est un futur qui représente l'action comme voulue, désirée ou commandée par une première personne qui n'est jamais exprimée : *Travaillez.*

L'impératif n'est point un présent, comme l'enseignent presque tous les grammairiens ; car la manifestation de la volonté en précède nécessairement l'exécution. Lorsque Brutus, s'adressant aux conjurés, leur dit :

> Jurez par tous les dieux, vengeurs de la patrie,
> Que César sous vos coups va terminer sa vie,   (VOLTAIRE.)

les conjurés ne jurent pas encore, ils s'apprêtent seulement à jurer. S'ils juraient déjà, dit Lemare, l'exhortation de Brutus serait inutile. *Jurez* n'énonce donc pas un présent, mais un futur. L'impératif exprime, comme voulue ou commandée, une action dont l'exécution n'est pas certaine, car lorsqu'on commande on n'est pas toujours sûr d'être obéi. C'est en cela qu'il diffère essentiellement du futur de l'affirmatif qui énonce une action comme positive, comme certaine.

Les rudimentaires, dit Lemare, enseignent qu'il n'y a pas de première personne singulière à l'impératif, parce qu'on ne peut se commander à soi-même. Hé! pourquoi ne se commande-rait-on pas? Ne dit-on pas tous les jours : *Cet homme sait se commander, je sais me commander*. Au contraire, il n'y a per-sonne à qui l'on puisse mieux commander qu'à soi-même pour être sûr de l'obéissance. Mais quand je me commande quelque chose, je n'ai pas besoin de me le dire ; voilà pourquoi l'impératif n'a point de première personne.

CONDITIONNEL.

Ce mode, comme l'impératif, n'a qu'un temps qui est aussi un futur. Ce futur est encore plus incertain que celui de l'impératif.

Le conditionnel énonce une action future, dépendante d'une condition qui probablement ne sera pas remplie.

> Si j'étais roi, *je voudrais* être juste.   (VOLTAIRE.)

Celui qui prononce ce vers n'a pas l'espoir de devenir roi. C'est un tour de phrase qu'il emploie pour exprimer son opinion sur les devoirs d'un roi. Il fait donc une supposition qui très-probablement ne se réalisera pas.

SUBJONCTIF.

Ce mode renferme deux temps, un futur et un passé. Le pre-mier temps, considéré par la plupart des grammairiens comme un présent, est un véritable futur. Dépendant, en effet, d'une volonté libre ou nécessaire, d'une cause exprimée ou sous-en-tendue, il ne peut être que postérieur à cette cause. Ainsi, quand je dis : je désire que Paul *viène*, il est évident que Paul ne vient pas encore, il est même douteux qu'il viène ; car sa volonté n'est pas enchaînée par mon désir. C'est donc encore un futur incertain.

Le second temps, corrélatif à une action passée, exprime par cette raison une idée de passé.

> Je n'ai pu aller à Livry, quelque envie que j'en eusse.
> (Madame DE SÉVIGNÉ.)

C'est-à-dire, je n'ai pu aller à Livry, malgré toute l'envie que j'en avais.

IMPERSONNEL.

Ce mode n'a qu'une seule forme, comme *écrire*. Il peut s'employer indifféremment avec tous les temps, ce qui prouve qu'il n'en exprime aucun en particulier. Nous le voyons, nous le vîmes, nous le verrons *écrire*.

5.º Des Conjugaisons et de l'auxiliarité.

Maintenant que notre observateur a trouvé les désinences propres à exprimer toutes les idées accessoires dont le verbe est susceptible de se charger, il pourra l'en revêtir, ou le conjuguer; car, en termes de grammaire, conjuguer un verbe, c'est lui faire prendre toutes les inflexions propres à le revêtir de toutes ses idées accessoires de personne, de nombre, de mode et de temps.

Si un philosophe avait pu présider à la formation d'une langue, il est probable qu'elle serait simple et régulière, qu'elle n'aurait, par exemple, qu'une seule manière de conjuguer tous les verbes, ce qui en ferait disparaître une des plus grandes difficultés. Nous sommes bien loin de cette simplicité, de cette régularité parfaite, parce que ce sont les peuples qui ont présidé à la formation des langues, ou plutôt qui les ont formées d'éléments hétérogènes, sans suivre aucune méthode, sans se proposer aucune règle certaine. Quant à la langue française, il faut ajouter, pour être juste, que les grammairiens, qui auraient dû opposer une digue au torrent de la coutume, ont puissamment contribué à la défigurer, en s'empressant de constater, comme des exceptions qu'on était tenu d'admettre, toutes les irrégularités qui se sont introduites en dépit de la droite raison.

Les conjugaisons françaises ont excité une grande divergence d'opinions parmi les grammairiens. Wailly pense qu'on peut en distinguer jusqu'à onze, parce que les verbes en *ir* et en *re* se conjuguent de différentes manières. L'abbé Sicard a cru les rendre plus faciles en les réduisant à sept. Girard n'en reconnaît que *six*. La plupart des grammairiens enseignent que nous avons quatre conjugaisons, soit parce que nos verbes à l'impersonnel peuvent recevoir quatre terminaisons différentes, soit parce que la langue latine, qui leur sert toujours de modèle, en compte quatre. Domergue et Boinvilliers les réduisent à deux. La première se compose des verbes dont l'impersonnel se termine en *er*; la seconde, des verbes dont l'impersonnel se termine en *ir*, *oir* ou *re*. Pourquoi la terminaison en *er* a-t-elle le privilège de former seule la première conjugaison, tandis que les trois autres sont forcées de se réunir pour former la seconde? D'où provient une pareille inégalité que rien ne semble autoriser? C'est ce que ces deux grammairiens se gardent bien d'expliquer. On ne peut adresser la même question à Lemare, qui n'admet aussi que deux conjugaisons, la première en *er*; la seconde en *ir*, et qui rejète les deux autres terminaisons, parce que, dit-il, sur les quatre mille cinq cents verbes que renferme la langue française, quatre mille suivent une analogie constante, et plus de quatre cents en suivent une autre. Deux modèles de conjugaisons suffisent donc pour plus de quatre mille quatre cents verbes, et il est inutile de dresser des appareils conjugatifs pour le petit nombre des autres, puisqu'il n'y en a pas cinq qui se conjuguent de la même manière. Il suffit par conséquent de donner les paradigmes des deux conjugaisons régulières, de former une liste des verbes irréguliers, et d'en faire connaître les irrégularités.

Nous avouons franchement que nous ne nous sommes pas occupé de vérifier si nous avons exactement quatre mille cinq cents verbes. Nous avons mieux aimé accepter de confiance ce chiffre de 4500, que de nous livrer à un travail aussi fastidieux qu'inutile, car y eût-il erreur, elle ne pourrait porter que sur le nombre des verbes réguliers, et elle serait par conséquent sans importance.

Les grammairiens ne sont pas plus d'accord sur le nombre des temps que sur celui des conjugaisons La plupart en reconnaissent vingt, quelques-uns en admettent trente; deux grammairiens, Beauzée et Sicard, en introduisent cinquante, et Lemare, dont nous partageons l'opinion, ne reconnaît que les huit temps que nous avons fait connaître. D'où proviènent de telles différences? De ce que la plupart des grammairiens admettent deux verbes auxiliaires (1), *être* et *avoir*, et par conséquent des temps composés; de ce que d'autres grammairiens ajoutent à ces temps composés des temps surcomposés; de ce que Beauzée et Sicard admettent cinq verbes auxiliaires, ce qui leur permet de compter cinquante temps dans un verbe; et de ce qu'enfin nous ne reconnaissons, avec Lemare, aucun verbe auxiliaire. Cette dissidence d'opinions nous oblige à examiner la doctrine de l'auxiliarité, et à faire voir qu'elle est contraire aux règles de l'idéologie et à celles de la syntaxe.

« Nos grammairiens, dit Dumarsais, en voulant donner à nos « verbes des temps qui répondissent, comme en un seul mot, « aux temps simples des Latins, ont inventé le mot de *verbe* « *auxiliaire*. C'est ainsi qu'en voulant assujétir les langues mo- « dernes à la méthode latine, ils les ont surchargées d'un grand « nombre de préceptes inutiles. »

Cette remarque de Dumarsais est très-juste. Ce n'est en effet que parce que nous traduisons, par exemple, le *percutior* et le *percusseram* des Latins par *je suis frappé*, *j'avais frappé*, qu'on

---

(1) Les verbes auxiliaires, du latin *auxilium*, aide, secours, sont, dit-on, des verbes qui vièment au secours d'un autre verbe, en lui prêtant leurs temps pour aider à le conjuguer.

a regardé *suis* et *avais* comme des auxiliaires qui servent à conjuguer *frappé*. Mais *frappé* n'est pas un verbe, et ce mot ne peut par conséquent se conjuguer. Il se conjugue si peu, que dans toutes les phrases, dites *temps composés*, c'est toujours *frappé*, sans aucun changement de désinence qui puisse indiquer des temps différents. Il ne peut en effet varier que selon le genre et le nombre du substantif dont il est affirmé, ce qui prouve évidemment qu'il n'est qu'un modificatif simple. Ainsi, quand je dis : *Je suis aimé*, *aimé* n'est pas plus conjugué que ne l'est *faible* ou *malheureux*. Quand je dis : *Je suis faible*, *je suis malheureux*, l'analogie est parfaite. Elle a paru si frappante à Destutt-Tracy, qui admet aussi les verbes auxiliaires *être* et *avoir*, que cet idéologiste enseigne que *je suis faible*, *je suis malheureux*, sont des verbes, comme *je cours*, *je marche*.

Les auxiliaristes ne manqueront pas de se récrier contre la doctrine de Destutt, parce qu'elle met dans tout son jour l'absurdité de la leur. Cependant Destutt n'est que conséquent, car dès qu'il enseigne que *je suis aimé* est un verbe, il est forcé de reconnaître que *je suis faible* est aussi un verbe, puisque ces deux locutions, composées également d'un verbe et d'un modificatif, sont parfaitement semblables.

Les verbes auxiliaires ne durent leur existence qu'à une méprise de nos premiers grammairiens. Voulant trouver dans nos verbes, suivant la remarque de Dumarsais, tous les temps des verbes latins, ils crurent, par exemple, que la phrase nommée *passé indéfini* répondait exactement au passé de l'indicatif des verbes latins, tandis qu'elle reproduit seulement le présent du verbe *habére* joint à un modificatif passif. Les écrivains du siècle d'Auguste, qui nous offrent de nombreux exemples de cette locution, l'employaient surtout lorsqu'ils voulaient donner plus d'énergie à leur expression. C'est ainsi que Virgile a dit :

> *Divisum* imperium cum Jove Cæsar *habet*,
>
> César *a* l'empire *partagé* avec Jupiter.

Et Cicéron :

> In tuâ humanitate *positam habemus* spem omnem,
>
> Nous *avons* tout notre espoir *placé* dans votre bienveillance. (1)

___

(1) On nous objectera peut-être que notre traduction littérale n'est pas conforme au génie de notre langue qui veut qu'on dise :

César *a partagé* l'empire avec Jupiter.
Nous *avons placé* tout notre espoir dans votre bienveillance.

Nous répondrons que notre construction n'est pas si contraire au génie de notre langue qu'on voudrait bien le faire croire, puisque c'est la construction primitive, que nous en retrouvons encore des traces dans Malherbe,

6

Jamais on ne s'est avisé de regarder les locutions *divisum habet* et *positam habemus* comme des temps composés des verbes *dividere* et *ponere*, parce qu'il est évident que *divisum imperium* est régi par *habet*, et que *positam spem* l'est par *habemus*. Pourquoi regarde-t on donc comme des temps composés des verbes *partager* et *placer* les locutions *a partagé*, *avons placé*, qui sont les calques des expressions latines *divisum habet*, *positam habemus*? C'est sans doute parce que le sens qui résulte des locutions françaises équivaut à un temps des verbes latins, à leur *divisit*, à leur *posuimus*.

Ainsi, de ce que le sens qui résulte de plusieurs locutions est le même, on en a conclu que ces locutions sont identiques, qu'elles sont composées des mêmes éléments du langage, des mêmes parties du discours ; conséquence fort peu juste, comme il est facile de s'en convaincre par les exemples suivants.

> Paul sortit de ce bas monde.
> Paul cessa de vivre.
> Paul mourut.

Il est certain que ces trois phrases expriment le même résultat, savoir : la mort de Paul. En pourrons-nous conclure qu'elles sont composées des mêmes parties du discours ? Evidemment non. La première, en effet, renferme un substantif (monde), un modatif (bas) et un déterminatif (ce) qui ne se trouve point dans la seconde. Celle-ci, à son tour, renferme un relatif (de), *préposition* selon les grammairiens, et un verbe à l'impersonnel qu'on ne trouve point dans la troisième. Ces trois phrases, quoique exprimant le même résultat, ne sont pas cependant formées des mêmes éléments du langage. Que serait ce donc si nous les considérions sous le rapport des idées que les mots de chacune d'elles expriment? Quelles différences n'y découvririons-nous pas ?

Ainsi, quoique le sens qui résulte des locutions *a partagé*,

---

dans Corneille, dans La Fontaine, et même dans Racine ; que Voltaire la regrette comme plus belle et plus poétique que la construction usitée de nos jours.

EXEMPLES.

O Dieu! dont les bontés de nos larmes touchées,
Ont aux vimes fureurs les armes *arrachées*.   (MALHERBE.)

Mais, ô dieux ! le moment que je vous ai quittée
D'un trouble bien plus grand *a* mon âme *agitée*.   (CORNEILLE.)

Un certain loup, dans la saison
Où les tièdes zéphyrs *ont* l'herbe *rajeunie*.   (LA FONTAINE.)

La valeur d'Alexandre *a* la terre *conquise*.   (RACINE.)

avons placé, soit le même que le sens qui résulte du *divisit* et du *posuimus* des Latins, on n'en peut nullement conclure que les expressions françaises et les expressions latines soient identiques, puisque les Latins expriment d'un seul mot ce que les Français n'énoncent qu'en deux mots.

D'où provient, nous demandera-t-on peut-être, l'erreur des auxiliaristes? D'une fausse dénomination. Qu'on ne soit pas surpris de notre réponse. Le nom est en effet l'image, la représentation d'une chose, d'un objet. Si cette image manque d'exactitude, elle représente mal l'objet, elle en donne une fausse idée ; de là une cause d'erreur qui ne cessera d'agir jusqu'à ce qu'un homme, doué d'un esprit philosophique, accoutumé à ne donner son assentiment qu'à ce qu'il conçoit, prène la peine de vérifier l'image ou la dénomination, en reconnaisse et en démontre le défaut de justesse. L'erreur des auxiliaristes provient donc, nous en sommes convaincu, de la dénomination de *participe passé* (1) donnée au modificatif passif. Les auxiliaristes ont cru de bonne foi que, conformément à sa dénomination, cet élément du langage avait réellement une double nature ; que tantôt modificatif passif, il s'accordait avec un substantif exprimé, et tantôt verbe, il énonçait la passivité ou l'activité. Ainsi, dans ces phrases : Paul *était aimé*, Pauline *était aimée*, ils ont regardé les mots *était aimé*, *était aimée*, comme un seul temps du verbe *aimer* à la voix passive. Ils ont considéré *aimé*, *aimée* comme le verbe principal, et le verbe *était* comme simple auxiliaire. Cependant, un peu de réflexion aurait suffi pour leur faire remarquer que *aimé*, *aimée* n'est pas un verbe, que c'est un modificatif simple, comme *faible*, *malheureux*,

---

(1) *Participe*, terme de grammaire, dit l'Académie, édition de 1835, partie du discours qui est une des modifications du verbe et de celle du nom. On l'appèle participe, parce que c'est un mot qui tient à la fois de la nature du verbe et de celle du nom. Il tient du verbe, en ce qu'il exprime les attributs d'existence, d'action et de temps qui constituent cette partie d'une langue. Il tient du nom, en ce qu'il fait quelquefois les fonctions d'adjectif, et qu'alors, semblable à l'adjectif variable, il s'accorde en genre et en nombre avec le sujet auquel il se rapporte.

Si nous avons transcrit cette définition, ce n'est certainement pas pour nous en faire une arme contre les auxiliaristes. Notre impartialité ne nous permet point de les rendre solidaires de la méprise de l'Académie. Nous nous empressons même de reconnaître qu'ils enseignent que le participe passé tient de la nature du verbe et de celle du modificatif, et que, par conséquent, ils n'ont pas le tort, comme la docte Compagnie, de confondre deux parties du discours aussi distinctes que le *nom*, signe de substance, et l'*adjectif* (modatif), signe de mode. Nous n'avons transcrit cette longue et inintelligible définition que pour montrer de nouveau le degré de confiance que méritent les définitions grammaticales de ce Dictionnaire, si peu digne du corps savant dont il porte le nom.

ainsi que nous l'avons déjà vu. Ce qui le prouve d'ailleurs invin-
ciblement, c'est qu'il est tenu de s'accorder en genre et en
nombre avec le nom qu'il modifie. *Paul* était *aimé*, *Pauline*
était *aimée*, *ils* étaient *aimés*.

Le prétendu participe passé, joint au verbe être, n'est donc
pas un verbe à la voix passive. Est-ce un verbe a la voix active
quand il se construit avec le verbe avoir? pas davantage assurément, comme le prouvent les exemples suivants :

> Je vous donne la lettre que j'ai *écrite*.
> J'ai *écrit* la lettre que je vous donne.

Dans le premier exemple, *écrite* est évidemment un modificatif simple, puisqu'il s'accorde en genre et en nombre avec un
substantif féminin au singulier. Dans le second exemple, *écrit* est-il
un verbe à la voix active, comme l'enseignent les auxiliaristes?
De passif qu'il est dans la première phrase, est-il devenu actif
dans la seconde? De modificatif simple est-il devenu verbe? Nous
ne pouvons croire à une semblable métamorphose qui serait, en
vérité, plus étonnante que toutes celles d'Ovide. Quelles différences y a-t-il, en effet, entre ces deux phrases pour qu'il se
soit opéré un tel changement? Il n'y en a qu'une, encore n'est-elle
qu'apparente. Toute la différence consiste effectivement en ce
que, dans la première phrase, le modificatif *écrite* s'accorde
avec un substantif exprimé, tandis que dans la seconde, le même
modificatif s'accorde avec un substantif sous-entendu (1). *j'ai
ceci écrit*, savoir une lettre. Or, nous le demandons aux hommes
dont l'esprit est dégagé de toute prévention, un modificatif
peut-il changer de nature, parce que le substantif auquel il se
rapporte est ellipsé? Admettre la possibilité d'un pareil changement, n'est-ce pas renverser tous les principes de l'idéologie?
Mais quand on admettrait pour un moment cette possibilité, les

---

(1) L'histoire de la langue française confirme notre application. Jusqu'au
règne de François Ier, le modificatif passif s'accorda toujours avec le substantif exprimé, soit qu'il en fût précédé, soit qu'il en fût suivi. Ce ne fut
d'abord que par négligence qu'on cessa de le faire accorder avec le substantif
dont il était suivi. Bientôt cet usage fut généralement adopté, parce qu'il
était très-commode, et que la commodité est tout pour les Français. Souvent,
en effet, on commence une phrase sans savoir de quel genre sera le substantif
qui viendra ensuite. Quand il fallait faire accorder le modificatif passif avec
ce substantif, on pouvait éprouver quelque embarras; mais toute hésitation
cessa dès qu'il fut reçu qu'on mettrait au singulier masculin le modificatif
passif dont le substantif ne serait pas encore énoncé. Cependant, par cette
innovation, qui convenait si bien à l'impatience naturelle des Français, le
modificatif passif ne changea pas de nature, il ne cessa point d'être modificatif. Il dut donc modifier un nom et s'accorder avec lui. Or, comme il
cessa de s'accorder avec celui qui était exprimé, mais trop tard, il dut
nécessairement s'accorder avec un nom sous-entendu.

auxiliaristes n'en seraient pas plus avancés ; car ils enseignent que *écrite*, dans la première phrase ; est aussi un *participe-verbe* ou *supin*, qui régit le substantif qui le précède, et que dans la phrase : la lettre que j'ai écrite, les deux mots *ai écrite* forment le temps nommé *passé indéfini*. Ainsi le mot *écrite* est tout à la fois cause et effet d'un même substantif. Cause, puisqu'il le régit ; effet, puisqu'il s'accorde avec lui en genre et en nombre. Ainsi, dans cette phrase :

Dieu nous *a créés* à son image ; *a créés*, selon la doctrine que nous combattons, est le passé indéfini du verbe *créer*, à la voix active ; *créés* est le véritable verbe, *a* n'est que son auxiliaire ; *nous* est le régime de *créés*, c'est-à-dire que *nous* est régi, gouverné par *créés* ; qu'enfin, *créés* est la cause du régime *nous*.

Cependant *nous* commande le modificatif *créés*, puisque c'est lui, et lui seul, qui est cause que *créés* est au pluriel masculin. *Nous* est donc, suivant la doctrine des auxiliaristes, effet et cause de *créés* ; effet, puisqu'il est régi par *créés* ; cause, puisqu'il contraint ce modificatif à prendre la forme du masculin pluriel. *Créés* est, à son tour, cause et effet de *nous* ; cause, puisqu'il le régit ; effet, puisqu'il ne revêt la forme masculine plurielle que pour s'accorder avec ce personnatif. Peut-on rien imaginer de plus absurde ? Que diraient les auxiliaristes à un homme qui leur soutiendrait que Philippe était père d'Alexandre, et qu'Alexandre était père de Philippe ; ils hausseraient les épaules de pitié, et penseraient que cet homme a perdu l'esprit. C'est ainsi que, par irréflexion, nous portons souvent contre nous-mêmes des jugements extrêmement sévères. Car enfin, cet homme, que les auxiliaristes regarderaient comme un fou, ne ferait qu'appliquer leur principe à des objets plus sensibles, plus frappants que les éléments du langage ; ce ne serait pas sa faute si cette application, dont on ne saurait contester la justesse, conduit nécessairement à un résultat absurde. Tout ce que les auxiliaristes pourraient justement en conclure, c'est que leur doctrine est fausse.

Il résulte, ce nous semble, de l'examen auquel nous venons de nous livrer, que la doctrine des verbes auxiliaires est évidemment contraire aux règles de l'idéologie. Montrons maintenant qu'elle est contraire aussi à une des règles fondamentales de la syntaxe. Voici cette règle :

Le verbe doit s'accorder en nombre et en personne avec le mot primordial de la phrase, ou, pour employer le langage reçu, avec son sujet.

EXEMPLES.

Il n'était point de ces fiers perroquets
Que *l'art* du siècle *a rendus* trop coquets.   (GRESSET.)

Mais il n'était plus temps, *les chants* avaient *cessé*.   (RENOUARD.)

Suivant les auxiliaristes, *a rendus* serait le passé indéfini du verbe rendre. *A*, dans cette locution, ne serait que l'auxiliaire, *rendus* serait le véritable verbe. Or, ce prétendu verbe aurait nécessairement le substantif *art* pour sujet, et devrait, conformément à la règle que nous venons de citer, être au singulier pour s'accorder en nombre avec ce sujet, tandis qu'il est au pluriel pour s'accorder avec un substantif de ce nombre, régime du verbe *a*. Il suit évidemment de là que *rendus* n'est point un verbe, que c'est un modificatif simple qui s'accorde en nombre et en genre avec le substantif qu'il qualifie.

Dans *les chants avaient cessé*, si *cessé* était un verbe, il s'accorderait en nombre avec *chants* et serait au pluriel, tandis qu'il est au singulier.

La doctrine qui reconnaît pour auxiliaires les verbes *être* et *avoir* est donc aussi contraire aux règles de la syntaxe qu'à celles de l'idéologie. Puisse-t-elle enfin être bannie de nos écoles !

L'abbé Sicard, à l'exemple de Beauzée, admet cinq verbes auxiliaires, savoir : *être*, *avoir*, *venir*, *devoir*, *aller*, et ses paradigmes de la conjugaison française contiennent modestement cinquante temps. La dénomination de chaque temps est d'une simplicité et d'une clarté vraiment remarquables. Nous nous contenterons de citer les deux temps suivants : *J'avais eu porté* est un passé comparatif défini antérieur simple. *Je devrai porter* est un futur positif postérieur.

Le système de Beauzée n'a pas reçu l'approbation des grammairiens qui reconnaissent les verbes *avoir* et *être* pour des auxiliaires. Ce système est-il donc plus mal fondé que le leur ? Non, il est impossible qu'il le soit. Il est même un peu plus conséquent, plus logique. Pourquoi donc l'ont-ils rejeté ? C'est très-probablement parce que les temps introduits par Beauzée ne répondent pas aussi exactement aux temps des verbes latins que ceux qui sont formés avec *être* et *avoir*, et que pour des hommes qui ne voient le français que dans le latin, c'est un grave défaut. Ce système, d'ailleurs, tend indirectement à la vérité, et contre l'intention de son auteur, à faire voir l'absurdité de la doctrine des auxiliaristes, et c'est à leurs yeux un tort vraiment impardonnable.

Cependant Beauzée ne mérite qu'un reproche, c'est d'avoir adopté une fausse supposition, d'avoir cru qu'il y a des verbes auxiliaires ; mais à part la fausseté de cette supposition, qui ne peut d'ailleurs lui être opposée par les auxiliaristes, puisqu'ils l'ont, ainsi que lui, admise comme une vérité démontrée, il raisonne en bon logicien, et ne tire que des conséquences justes. Si, pourrait-il leur dire, *j'ai frappé* est un temps, quoique exprimé par une phrase, pourquoi *je viens de frapper* n'en serait-il pas un aussi? Ces deux phrases n'expriment-elles pas également, quoique avec des nuances différentes, une idée du passé ? Peu m'importe que les Latins rendent la première par un seul mot, *percussi*, et qu'ils ne puissent rendre la seconde que par deux mots, *modò percussi;* c'est le temps seul que je cherche, c'est du français et non du latin que je m'occupe.

Ce raisonnement, sans réplique pour les auxiliaristes, peut se retourner contre Beauzée. Pourquoi, lui dira-t-on, n'avez-vous pas poussé plus loin les conséquences de votre principe? Si vous ne cherchez que le temps; si, selon vous, toute phrase, dont le résultat réveille une idée de temps, est un temps plus ou moins composé, pourquoi réduisez-vous à cinq le nombre des auxiliaires? Toute locution qui peut se joindre à un verbe et dont le résultat exprime une idée de temps, n'a-t-elle pas le même droit à cette dénomination? Ainsi, par exemple, *falloir, être sur le point de, être près de, être à la veille de, être au moment de,* doivent être aussi des auxiliaires. En effet, *il me faut partir* n'indique-t-il pas une idée de futur indéfini tout aussi bien que *je dois partir? Je suis à la veille, sur le point, au moment de partir* n'expriment-ils pas à-peu-près de la même manière que votre présent antérieur, *je vais partir,* l'idée d'un futur prochain? Le nombre des auxiliaires ne doit donc pas, d'après votre système, être restreint à cinq. Il doit rester illimité, car qui oserait se flatter d'énumérer toutes les phrases dont le résultat peut faire naître l'idée d'un temps quelconque?

Ces conséquences, qui découlent naturellement de la doctrine des auxiliaristes, en démontrent de nouveau l'absurdité, puisqu'elles prouvent que le nombre des auxiliaires serait illimité, et que, par conséquent, le nombre des temps le serait aussi.

Nous pensons donc, pour nous résumer, que les verbes de la langue française n'ont que les huit temps que nous avons fait connaître, les huit temps simples des grammairiens ; quant aux temps dits *composés*, ce sont des phrases équivalentes, par l'idée de résultat, à des temps réels, c'est-à-dire à des temps exprimés par un seul mot (car, nous ne saurions trop le redire, une partie quelconque du discours ne peut contenir qu'un mot). C'est ainsi que l'idée qui résulte de la phrase *j'avais frappé* est la même que celle qui est exprimée par le latin *percusseram.* Mais quels que soient le nombre et la nature de ces compositions, l'analyse, qui découvre toutes les pièces dont elles se forment, montre que la première est toujours un de nos huit temps, et que les autres sont ou des modificatifs passifs, ou un impersonnel, et ne sont par conséquent ni des temps, ni des mots conjugués.

D'après cette explication, qu'il ne faut jamais perdre de vue, on pourra dans la syntaxe distribuer par séries les principales phrases qui équivalent à des temps, afin d'établir et leur correspondance entre elles, et leur correspondance avec les temps que nous possédons réellement.

6.° *Des différentes espèces de Verbes et de leur régime.*

Notre observateur pourra remarquer qu'une action, exprimée par un verbe, peut ou ne pas sortir de l'être qui l'exécute, comme *je dors*, *je marche*, ou bien en sortir et s'exercer directement sur un objet qui la reçoit, qui la souffre, qui en est le *patient*, comme *je frappe la table.* Dans ce dernier exemple, l'action sort de moi et se porte sur la table. La table la reçoit, en est le patient.

Notre observateur remarquera ensuite que ce sont là les deux seules manières dont une action puisse s'exercer, car il faut nécessairement qu'elle sorte de l'être qui l'exerce, ou qu'elle n'en sorte pas, il n'y a point de milieu. Il pourra désigner par la dénomination de *transitif* tout verbe qui exprime une action de la première manière, et par celle d'*intransitif* tout verbe qui exprime une action de la seconde manière. Ainsi, pour notre observateur, tous les verbes seront ou *transitifs* ou *intransitifs.* Transitifs, quand l'action sortira de l'être qui l'exerce et se portera sur un *patient*; intransitifs, quand l'action restera renfermée dans son *agent.*

Notre observateur pourra remarquer aussi qu'un même verbe peut être tantôt transitif et tantôt intransitif, selon que l'action qu'il exprime sort de l'agent ou qu'elle y reste renfermée. Ainsi, dans *vous montez promptement*, *vous descendez lentement*, les verbes *montez* et *descendez* sont intransitifs, et dans vous *montez une chaise*, vous *descendez une table*, les mêmes verbes sont transitifs.

N. B. Le patient, ou l'objet qui souffre l'action, se nomme *régime,* en termes de grammaire. L'agent, ou l'être qui exécute une action, se nomme *sujet.* (Nous avons déjà fait connaître l'impropriété de cette dénomination, dont nous ne nous servirons qu'à regret, et seulement jusqu'à ce qu'on en ait adopté une plus convenable.)

Selon presque tous les grammairiens, il n'y a qu'un seul verbe, le verbe *être*, qu'ils nomment verbe substantif, verbe abstrait, verbe d'état, &c. Tous les autres verbes sont des verbes concrets, composés du verbe être et d'un modificatif actif. *Aimer*, par exemple, se compose de *être aimant.*

Nous avons réfuté d'avance cette opinion, en prouvant (chapitre 8, n.° 3), par l'analyse de *percutit*, que les verbes latins ne peuvent évidemment se prêter à une pareille composition. Nous engageons nos lecteurs qui auraient oublié nos raisonnements, à les relire, parce qu'ils s'appliquent aussi à la langue française. En effet, les radicaux de nos verbes, comme ceux des verbes latins, n'expriment aucune idée d'activité ou de passivité. L'activité, idée accessoire, simple modification du verbe, n'est exprimée que par des désinences. Or, il est certain que si nos désinences étaient formées des différents temps , des différentes personnes du verbe *être* , nos verbes ne pourraient exprimer l'activité , puisque le verbe *être* , de l'aveu même des partisans de l'opinion que nous combattons , ne peut jamais exprimer cette modification ; et comme il est constant que nos verbes l'expriment , il s'en suit nécessairement que le verbe *être* n'entre pas dans leur formation ; qu'*aimer* , par exemple , n'est pas composé de *être aimant*.

Pourquoi donc , nous demandera-t-on peut-être , a-t-on supposé que tout verbe est composé du verbe *être* et d'un modificatif actif ? Parce qu'on s'est imaginé que trois mots sont absolument nécessaires à l'expression d'une pensée , d'un jugement , et que toute proposition est indispensablement composée de trois termes. Voyons si cette opinion a quelque fondement , et commençons , pour procéder méthodiquement , par tâcher de bien fixer le sens des mots *pensée* , *jugement* , *proposition*.

Pensée vient du latin *pensare* , *peser* , *balancer*. *Penser* , c'est peser , c'est balancer dans son esprit une idée de modification ou d'attribut , et une idée de substance ou de sujet , pour voir si la première est contenue dans la seconde. La pensée est le résultat de cette opération. Ainsi , quand nous voyons qu'un attribut est contenu dans un sujet , nous avons une pensée qui forme un *jugement* affirmatif , comme *vous venez*. Nous voyons dans cet exemple que l'attribut *venez* est contenu dans le sujet *vous*. Quand nous voyons qu'un attribut n'est pas contenu dans un sujet , nous avons alors une pensée qui forme un jugement négatif , comme *vous ne venez pas*. Quand , après avoir pesé l'idée d'un attribut et celle d'un sujet , nous ne voyons pas si la première est contenue dans la seconde , nous avons bien encore une pensée , mais cette pensée ne peut former ni un jugement affirmatif , ni un jugement négatif ; car juger , c'est voir qu'un attribut est ou n'est pas contenu dans un sujet. Le jugement suppose nécessairement la certitude , ou du moins la conviction. Tout ce qui n'est pas oui ou non n'est pas un jugement. La pensée , au contraire , peut admettre le doute , l'incertitude. Quand je dis : *Viendrez-vous ?* J'énonce aussi bien une pensée , quoique je n'énonce aucun jugement , que quand je dis : *Vous viendrez*. Dans l'une et l'autre phrase , je pèse également l'idée d'un attribut et l'idée d'un sujet ; ce qui , en résultat , constitue une pensée. Ainsi , tout jugement est une pensée , mais toute pensée n'est pas un jugement.

Proposition vient du latin *proponere* , *poser devant* , proposer. Une proposition est donc étymologiquement une chose mise en avant , une chose proposée. Mais quelle chose est ainsi proposée ? Selon nous , c'est une pensée ; selon les grammairiens , c'est un jugement. Nous définissons la proposition , *l'énonciation d'une pensée* ; eux , ils la définissent *l'énonciation d'un*

7

jugement. Nous pensons que la définition des grammairiens est incomplète, qu'elle ne convient pas à tout l'objet défini, puisqu'il y a des propositions qui n'énoncent aucun jugement. Ainsi, tous les grammairiens reconnaissent *venez*, *viendrez-vous ?* et mille autres phrases semblables, pour des propositions, et cependant ces phrases n'énoncent aucun jugement. En effet, quand je dis : *Venez*, je ne juge pas que vous viendrez, car j'ignore si vous vous rendrez à mon invitation, ou si vous exécuterez mon commandement ; j'en exprime seulement le désir, la volonté. Quand je dis : *Viendrez-vous ?* je juge encore moins, s'il est possible, que vous viendrez ; car je l'ignore entièrement, comme l'indique la question que je vous adresse.

Il suit évidemment des définitions et des explications qui précèdent que deux idées seulement (celle du contenant ou du sujet et celle du contenu ou de l'attribut) forment une pensée, un jugement, et que, par conséquent, deux mots suffisent pour les énoncer, ou pour former une proposition. Mon esprit porte un jugement quand il voit qu'un attribut est contenu dans un sujet. Ce jugement ne renferme que deux idées, pourquoi dès-lors deux termes ne suffiraient-ils pas pour l'énoncer ? Si je vois, par exemple, que l'attribut *courageux* est contenu dans le sujet *soldats*, je porte un jugement que je peux exprimer ainsi : *Soldats courageux*. Deux mots me suffisent pour cette énonciation. A quoi pourrait me servir un troisième mot, puisque je n'ai pas une troisième idée à exprimer ?

Nous pourrions nous en tenir là, et regarder comme bien démontré que la composition des verbes que nous combattons est inadmissible en elle-même, et que la nécessité sur laquelle on a voulu l'appuyer n'existe que dans les cerveaux des grammairiens qui se sont imaginé que toute proposition est nécessairement composée de trois termes ; tandis qu'il est bien démontré qu'une proposition simple n'en contient réellement que deux. Cependant, comme il s'agit d'une erreur générale, d'une erreur enracinée dans les esprits depuis plusieurs siècles, nous croyons utile de recueillir nos forces pour lui porter un dernier coup, afin qu'on ne puisse plus alléguer le moindre prétexte en sa faveur. Examinons donc encore l'exemple suivant :

Je pense, donc je suis,

et prouvons par cet examen qu'il est absurde de supposer que le verbe *être* est renfermé dans tous les autres, qu'il en fait nécessairement partie intégrante.

Les grammairiens reconnaissent dans la phrase que nous prenons pour exemple deux propositions simples, savoir : *Je pense, je suis.* Pour trouver les trois termes crus nécessaires pour former une proposition, ils décomposent *je pense* en *je suis pensant.*

Nous avons déjà prouvé plusieurs fois que cette décomposition est inadmissible. N'importe, montrons-nous accommodant, admettons-la pour un instant, et passons à la proposition *je suis*. Comment trouver trois termes dans cette proposition? Elle ne renferme évidemment que deux idées : l'idée d'existence, exprimée par *suis*, et l'idée de substance, exprimée par *je*. Deux mots, on le voit, expriment ces deux idées; à quoi, nous le répétons, servirait un troisième mot, puisque nous n'avons pas une troisième idée à exprimer? A rien, très-certainement. Cependant, pour nous montrer accommodant jusqu'à la fin, ne nous laissons pas arrêter par la justesse si frappante de cette considération; admettons la possibilité, quand même, de ce troisième mot, et contentons-nous de prier les grammairiens de vouloir bien nous l'indiquer. *Etant*, nous répondront-ils sans balancer, est le mot même que vous cherchez. Prêtons-nous à cette explication, et décomposons (si l'on peut dire qu'on décompose un mot quand il reste tout entier), décomposons *suis* en *suis étant*. Mais nous n'aurons rien gagné par cette opération, puisque *suis* reste encore à décomposer, et qu'il donnera par le même procédé *suis étant*, et qu'en réunissant ces deux analyses, nous aurons, au lieu de *je suis*, *je suis étant étant*, et comme *suis* restera toujours à décomposer, on pourra répéter indéfiniment la même opération, et de cette manière notre proposition, au lieu des trois termes que les grammairiens lui assignaient, en aura un nombre indéfini. Ce résultat absurde, mais conséquence nécessaire du principe posé par les grammairiens, montre évidemment que *suis* est indécomposable; que, par conséquent, la proposition *je suis* ne peut être exprimée que par deux mots, et que par là se trouve complètement réfutée l'assertion des grammairiens, que toute proposition est nécessairement composée de trois termes.

Il nous semble donc bien démontré maintenant que le verbe *être* n'est pas susceptible de décomposition, et qu'une proposition peut être exprimée par deux termes. Nous pensons, en conséquence, qu'il est inutile de faire subir aux autres verbes une décomposition contraire aux règles de l'idéologie et de la droite raison, décomposition uniquement imaginée pour trouver le troisième terme que l'aveugle routine croyait indispensable pour compléter une proposition simple; qu'on doit reconnaître que tous les autres verbes sont également incapables de décomposition, et cesser de répéter, sur la foi d'autrui, qu'ils renferment tous le verbe *être*, et qu'ils ne sont véritablement verbes que parce qu'ils le renferment.

« Ils se sont imaginé, dit Destutt-Tracy, qu'il y avait, je ne sais quelle propriété occulte dans le verbe *être*, et qu'il était une espèce de liaison nécessaire entre le sujet ou le contenant, et l'attribut ou le contenu. Ils l'ont appelé *lien*, *copule*, et ils

« en ont fait un troisième terme de la proposition. Mais le verbe
« *être* ne lie rien, et le nom de *lien* qu'on lui donne est vide de
« sens. Il n'y a donc pas trois termes dans la proposition, non
« plus que dans le jugement dont elle est l'énoncé. »

Destutt a trois fois raison. Le verbe *être*, loin d'être un lien,
est au contraire une sorte de mur de séparation élevé entre le
substantif et le modatif, mur que la construction idéologique
découvre et fait disparaître.

EXEMPLE.

Dieu est grand. (1)

Voilà la construction usuelle, construction qui diffère, en un
point essentiel, de la construction idéologique. *Est* et *grand*
expriment deux attributs de Dieu, qui sont contenus en lui, et
qui ne sont représentés hors de lui que par abstraction (Chap. 2).
Ils lui resteraient unis par la juxta-position, si, dans le langage
parlé ou écrit, nous n'étions pas obligés de recourir à l'ordre
successif. Mais dans la construction idéologique, où nous pouvons
nous affranchir de cet ordre, nous devons placer les deux modificatifs à côté de leur substantif, en cette manière :

Dieu { est
grand.

Grand, ainsi que *est*, doit toucher à Dieu, puisqu'il en fait
partie, puisqu'il en est un attribut, puisque ce n'est qu'à cause
de Dieu, et non à cause de *est* qui n'a aucun genre, qu'il est au
singulier masculin. La construction idéologique montre donc
que, dans la construction usuelle, *est*, au lieu d'être un lien
entre *Dieu* et *grand*, comme on le croit communément, est au
contraire un obstacle qu'il faut écarter pour rattacher *grand* à
Dieu.

Pourquoi a-t-on cru que le verbe *être* était un lien entre le
substantif et le modatif? C'est sans doute parce que l'interposition
de ce verbe entre ces deux parties du discours n'en trouble point
l'accord. Mais le verbe *être* ne jouit pas seul de cette propriété,
un grand nombre d'autres verbes en jouissent également, et
cependant aucun grammairien ne s'est avisé de leur appliquer
cette dénomination, quoique cette manière de les employer soit
très-usitée, et qu'on dise tous les jours, par exemple,

Elle assiste attentive à cet étonnant spectacle.

Elle tomba évanouie.

Elle retombe accablée sous le poids de sa souffrance.

---

(1) Cette phrase, regardée par les grammairiens comme une proposition
simple, est réellement une proposition complexe, qui renferme deux propositions, puisqu'elle énonce deux pensées, *l'existence et la grandeur de Dieu*.

Il suivait tout pensif.
Il marchait silencieux.
Il passe inaperçu.

Nous pensons donc, pour nous résumer, qu'il faut enfin cesser d'enseigner qu'il n'y a réellement qu'un verbe, que ce verbe abstrait entre dans la formation de tous les autres, qu'ils ne sont verbes que par lui; que c'est un lien, une copule qui attache l'attribut au sujet, et forme le troisième terme de toute proposition simple.

Outre le verbe *être*, la plupart des grammairiens reconnaissent six sortes de verbes, savoir : des verbes actifs, des verbes passifs, des verbes neutres, des verbes pronominaux ou réfléchis, des verbes réciproques, et des verbes impersonnels.

Nous avons fait voir (N.° 3 de ce Chapitre) que l'activité, qui n'est qu'une modification des verbes, leur convient à tous, si l'on en excepte le verbe *être* et quelques verbes purement intransitifs, et ne peut par conséquent les différencier. Nous avons prouvé ensuite que nos verbes n'ont pas de voix passive, qu'ils ne peuvent par eux-mêmes exprimer la passivité. On ne peut donc admettre la division des verbes en verbes actifs et en verbes passifs.

Les grammairiens et les lexicographes appèlent *neutres* les verbes intransitifs, comme *marcher, courir, descendre, monter*, et ils entendent par verbes neutres des verbes qui ne sont ni actifs, ni passifs. Voilà une erreur évidente. Ces verbes expriment une action aussi bien que les verbes transitifs, car il importe peu, quant à l'existence de l'action, qu'elle sorte ou qu'elle ne sorte pas du sujet; le seul point important, c'est qu'elle ait lieu. Or, il est certain que celui qui monte au grenier agit aussi réellement que celui qui monte une bouteille de la cave. L'un et l'autre font également l'action de monter. Nous souhaitons que la dénomination de *verbes neutres* disparaisse enfin de nos grammaires et de nos dictionnaires, où elle cause un grand nombre de méprises.

Les grammairiens appèlent *pronominaux* ou *réfléchis* des verbes qui se construisent avec deux personnatifs de la même personne, comme *je me frappe*. La dénomination de *pronominal* doit être rejetée, puisqu'il n'existe pas de pronoms. Quand on admettrait l'existence des pronoms, la dénomination de *verbe pronominal* n'en serait pas plus juste, car dans la phrase *je me frappe*, je ne verrais de pronoms que dans *je me*, et je n'en pourrais jamais voir dans le verbe *frappe*.

La dénomination de *verbe réfléchi* doit également être rejetée, parce qu'elle manque de justesse et qu'elle est inutile. Cette dénomination, empruntée à la physique, reçoit ici une fausse application, car pour qu'il y ait *réflexion*, il faut qu'il y ait *action* et *réaction*. Pour que la lune, par exemple, nous réfléchisse la lumière du soleil, il faut que cet astre la lui envoie (voilà l'action) et qu'elle nous la renvoie (voilà la réaction). Mais quand je dis *je me frappe*, j'exprime qu'une partie de moi-même, ma main, par exemple, en frappe une autre, telle que ma tête, ma poitrine. Il y a bien là une action, mais il n'y a pas de réaction, partant point de réflexion. Cette dénomination manque donc de justesse. Elle a d'ailleurs le défaut d'être inutile. Car que je dise *je me frappe* ou *je frappe mon front*, *me* et *mon front* sont également régis par le verbe *frappe*. Ce verbe est donc transitif dans le premier exemple qui renferme deux personnatifs de la même personne, comme il l'est dans le second qui n'en renferme qu'un. Le double personnatif ne change donc pas la nature du verbe. La raison ne me dit-elle pas aussi que j'exerce une action semblable, soit que je frappe une partie indéterminée de mon corps, exprimée par le personnatif *me*, soit que j'en frappe une partie déterminée, exprimée par *mon front*. On doit donc bannir du langage grammatical, comme fausse et inutile, la dénomination de *verbe pronominal* ou *réfléchi*.

Les verbes réciproques, selon l'Académie, sont les verbes pronominaux qui expriment l'action réciproque de plusieurs sujets les uns sur les autres.

D'après cette définition, *nous nous frappons* est un verbe réciproque. Cependant on ne peut savoir, par le contexte seul de cette phrase, si chacun de nous se frappe ou si nous nous frappons mutuellement. Ce n'est donc pas le verbe avec ses deux personnatifs qui marque la réciprocité. Cette idée ne peut résulter que de l'adjonction d'un autre mot, ou de l'ensemble de la phrase. On ne doit donc pas plus admettre de verbes réciproques que de verbes réfléchis.

La dénomination de *verbe impersonnel* est maintenant rejetée par un grand nombre de grammairiens. Ils ont pensé avec raison que rien n'est plus absurde que d'appeler *impersonnel* des verbes qui ont au moins une personne. Ils ont remplacé cette dénomination par celle d'*unipersonnel* qui ne vaut guère mieux, et qui doit aussi être rejetée, d'abord comme vague, puisqu'elle n'indique pas celle des personnes que ces verbes conservent; ensuite comme inutile, puisqu'elle ne fait pas connaître la nature de ces sortes de verbes; enfin, comme souvent fausse, puisqu'elle représente, comme ne pouvant avoir qu'une seule personne, des verbes qui peuvent en avoir plusieurs; car, de ce qu'un verbe n'a été usité jusqu'à ce jour qu'à la troisième personne, on n'en peut pas conclure qu'il ne pourra point être employé à la première, à la seconde personne, si la nécessité, qui est la première des lois, vient à l'exiger.

Si l'on peut dire d'un âne qu'*il brait*, pourquoi, dit Lemare, un âne, parlant dans une étable, ne dirait-il pas *je brais, je brairai?* et, portant la parole devant un ou plusieurs confrères quadrupèdes, ne pourrait-il pas dire *brais, nous brairons?* Dans tous les cas comment s'exprimerait la brayante société?

Chapitre 9.

Des relatifs d'idée, dits Prépositions.

Notre observateur ne pourra manquer de remarquer que tout dans la nature est uni par des rapports sensibles, qu'il n'est aucun objet qui ne suppose l'existence de quelque autre objet avec lequel il a des relations nécessaires ; qu'une vallée, par exemple, suppose des montagnes ; que la fumée suppose du feu ; qu'une action suppose non-seulement un agent qui l'exerce, mais aussi un lieu dans lequel il l'exécute. Il conclura de cette observation qu'il ne lui suffit point de représenter les objets avec leurs diverses modifications, qu'il lui faut encore exprimer les relations qu'ils ont entre eux, afin qu'ils soient liés dans le discours comme ils le sont dans la nature. Il lui faudra donc des mots qui expriment les rapports qu'il apperçoit entre les objets, qui fassent connaître ce qu'ils sont l'un à l'autre. C'est ainsi qu'il se trouvera nécessairement conduit à l'invention d'une nouvelle espèce de mots qu'il pourra nommer *relatifs*, puisqu'ils seront destinés à exprimer des rapports, des relations.

Pour exprimer les nombreux rapports qu'il aura remarqués, notre observateur pourra se croire obligé d'inventer un grand nombre de relatifs ; mais, après y avoir sérieusement réfléchi, il reconnaîtra qu'il lui suffira d'inventer seulement quelques relatifs nécessaires à l'expression des principaux rapports, et que, pour exprimer tous les autres rapports, il pourra en former autant qu'il en aura besoin, en combinant ce petit nombre de relatifs, soit entre eux, soit avec des mots déjà connus. Cette considération fera disparaître une grande partie des difficultés que notre observateur aurait éprouvées, puisqu'il n'aura plus qu'un très-petit nombre de relatifs à inventer. Leur invention sera probablement encore assez difficile. Il est même présumable qu'il fera plusieurs essais infructueux avant de trouver des règles qui puissent lui servir de guide dans cette recherche. Il est très-présumable qu'après y avoir long-temps et mûrement réfléchi, il s'arrêtera aux deux règles suivantes : « Imiter, autant que possible, par les sons des relatifs simples, les mouvements que fait naturellement l'organe de la voix pour indiquer les rapports principaux, et trouver des mots fort courts, afin qu'ils puissent entrer facilement dans la formation des relatifs composés. » Guidé par ces deux règles, il pourra inventer des relatifs qui seront des mimologismes d'une seule, ou tout au plus de deux syllabes, c'est-à-dire les mots les plus propres à peindre des rapports et à entrer dans la composition des relatifs dérivés. Notre observateur pourra donc avoir des relatifs simples, tels que *à*, *de*, *en*, *par*, et des relatifs composés, tels que *autour*, *parmi*.

Autour est effectivement un mot très composé; il renferme les trois mots *à le tour*.

Il rôde *autour* de la maison.

C'est-à-dire il rôde *au* (à le) *tour* de la maison.

Parmi est composé de *par* et de *mi*, abréviation employée pour *milieu*.

Il est resté *parmi* nous.

Il est resté *par milieu* nous, il est resté *par le milieu* de nous.

OBSERVATIONS. Nous avons aussi en français,

1.° Des noms inusités qui nous servent de relatifs, tel est *chez*, qui vient du roman *chesal*, *cheseau*, maison.

Il loge *chez* Pierre.

Il loge *chesal* ou maison Pierre; il loge dans le *chesal*, ou dans la maison de Pierre.

2.° Des modificatifs usités ou inusités, tels que *selon*, *suivant*. *Selon* vient du latin *secundus*, second, du verbe *sequi*, suivre. On a dit d'abord *second*, puis *selond*, et enfin *selon*. *Suivant* est le modificatif actif du verbe *suivre*; et est ainsi synonyme de *selon*.

Selon ou *suivant* le modèle.

Les grammairiens donnent au relatif le nom de *préposition*. L'étymologie du mot *préposition*, qui vient du latin *præ*, devant, et de *positio*, position, indique *un mot placé devant un autre mot*. Cette dénomination, qui ne saurait caractériser aucune partie du discours, peut s'appliquer également à toute autre espèce de mots; car, excepté le dernier mot d'une phrase, tous les mots sont placés les uns devant les autres. Pourquoi donc les grammairiens ont-ils employé une dénomination si vague, si insignifiante? C'est très-probablement parce que le relatif qui exprime le rapport d'une idée à une idée, dont la première est nommée par les grammairiens *antécédent*, et la seconde *conséquent*, se met toujours, en français, devant la seconde, ou le conséquent. Voilà sans doute la seule raison qui ait pu engager les grammairiens à donner au relatif la dénomination de *préposition*. Mais cette raison est des plus frivoles, car la dénomination d'une espèce de mots doit être tirée de la nature même de ces mots, ou du rôle qu'ils remplissent dans le discours, et non de la place qu'ils occupent dans la phrase, puisque cette place peut changer sans que les mots changent de nature ou de rôle. C'est ainsi que dans la langue anglaise, la prétendue préposition (le relatif), qui y remplit le même rôle, les mêmes fonctions qu'en français, cesse souvent d'être préposée, d'être placée devant le conséquent, se trouve rejetée à la fin de la phrase, et est *post-posée* (si l'on peut s'exprimer ainsi) au lieu d'être préposée.

Exemples.

The man *whom* i speak of.
Littéralement : L'homme *qui* je parle *de*, l'homme *de qui* je parle.

The woman *whom* i spoke to.
La femme *qui* je parlais *à*, la femme *à qui* je parlais.

The people *whom* i converse *with*.
Les gens *qui* je converse *avec*, les gens *avec qui* je converse.

Nous pensons donc que la dénomination de *préposition* doit être rejetée comme vague et insignifiante, et qu'elle doit être remplacée par celle de *relatif d'idée*, qui caractérise parfaitement cette partie du discours, consacrée à exprimer des rapports d'idée.

Définition.

Le relatif d'idée est un mot invariable qui exprime un rapport entre deux idées, ou un rapport d'idée à idée.

Chapitre 10.

Du *Surmodificatif* (Adverbe des Grammairiens).

Notre observateur a remarqué (Chap. 7.) que les modes ou qualités qui se trouvent dans les substances, n'y sont pas ou ne paraissent pas y être au même degré, et que ces différences peuvent s'exprimer ou par des changements de désinence dans les modificatifs qui en sont susceptibles, ou par l'addition de mots capables de les modifier. Après avoir fait cette remarque, il ne tardera pas sans doute à s'appercevoir que la signification des modificatifs peut être modifiée de beaucoup d'autres manières, et dès-lors il se verra dans la nécessité de trouver des mots propres à exprimer ces nombreuses modifications. Deux moyens s'offriront à son esprit : le premier, qu'il rejetera très-probablement, comme trop difficile, consistera dans la création d'une nouvelle espèce de mots ; le second, dans l'emploi de mots qu'il connaît déjà, après les avoir préalablement dépouillés des formes qui expriment des idées accessoires de genre et de nombre, et les avoir rendus invariables. Il pourra donner aux mots qui rempliront cette nouvelle fonction le nom de *surmodificatifs*, c'est-à-dire modificatifs de modificatifs, dénomination qui leur convient parfaitement, puisque ces mots sont destinés à modifier les modificatifs.

8

Nous avons, considérées sous le rapport des mots qui les constituent, cinq sortes de surmodificatifs. Nous allons en donner des exemples, et les faire suivre de phrases qui feront connaître les différentes espèces de mots dont se composent les surmodificatifs.

1.re SORTE. — *Substantifs.*

J'en suis *bien* aise, il fait *bien*.   (ACADÉMIE.)
Messieurs les sots, je veux, en bon chrétien,
Vous siffler tous, car c'est pour votre *bien*.   (VOLTAIRE.)

2.e SORTE. — *Modificatifs.*

Cet ouvrage est *fort* estimé des savants. Elle est *fort* aimée. (ACADÉMIE.)
Cet homme est *fort* comme un turc.   (*Idem.*)

3.e SORTE. — MODIFICATIFS *joints au substantif inusité* MENT.

Il a dit *bonnement* (1) ce qu'il en pensait.   (ACADÉMIE.)
Les loups mangent *gloutonnement*.   (LA FONTAINE.)
Pour moi, satisfesant mes appétis *gloutons*,
J'ai dévoré force moutons.

4.e SORTE. — *Substantifs et Modificatifs réunis.*

Autrefois le rat de ville
Invita le rat des champs.   (LA FONTAINE.)
Nous nous réjouirons de l'affaire
Une autre fois.   (*Idem.*)

---

(1) *Ment* vient du latin *mente*, ablatif de *mens*, qui veut dire *esprit, intelligence*. Les Italiens et les Espagnols ont conservé l'*e* que nous avons retranché. Ces derniers, lorsqu'ils ont à mettre de suite deux modatifs en *mente*, retranchent assez ordinairement la terminaison *mente* du premier, et ne la laissent qu'au dernier. Ainsi, au lieu de *seguramente y libremente*, sûrement et librement, ils disent *segura y libremente*, comme si nous disions *sûre et libre-ment*. Ce qui prouve évidemment que *mente* est un substantif auquel se rapportent les deux modatifs *segura* et *libre*.

Les Italiens, qui disent *veramente*, *fortemente*, vraiment, fortement, se servent aussi du nom *mente* pour signifier l'esprit, l'intelligence. Il suit évidemment de là que les modatifs italiens terminés en *mente* renferment deux mots bien distincts, savoir : un substantif, qui est *mente*, et un modatif qui qualifie ce substantif.

Dans la langue française, quoique le substantif *ment* ne forme qu'un mot avec le modatif auquel il est uni, il ne cesse pas pour cela d'avoir la même signification que le *mente* des Italiens. Ainsi, Pierre agit *sagement*, signifie Pierre agit (avec) *sagement*, (avec) *sage esprit*, (avec un) *esprit sage*.

Le substantif *ment*, signifiant *esprit, intelligence*, n'aurait dû être appliqué qu'aux opérations de l'esprit, comme le mot *manière*, qui vient du latin *manus*, main, n'aurait dû être employé que pour exprimer des opérations manuelles; mais l'usage, qui ne consulte guère l'étymologie des mots, a rendu synonymes ces deux substantifs si différents d'origine, et a permis d'employer l'un pour l'autre; de sorte qu'on peut dire, par exemple, vous cousez *adroitement*, et vous pensez d'une *manière sublime*.

5.ᵉ Sorte. — *Assemblage de mots plus ou moins tronqués ou plus ou moins compliqués, de relatifs et d'autres espèces.*

Ils sont *trop* verts et bons pour des goujats.   (La Fontaine.)

Nous ne pouvons leur résister, ils sont *trop* (ils sont une *troupe*). *Trop* vient de *troppus*, substantif de la basse latinité, qui signifie *troupe*.

Ce livre est toujours sur le bureau, *afin* qu'on puisse le consulter.

Ils font tant *à la fin* que l'huître est pour le juge,
Les écailles pour les plaideurs.   (La Fontaine.)

N. B. Les surmodificatifs s'entremodifient assez souvent.

Pierre agit *fort bien*. Paul parle *très* (1) *éloquemment*. Elle écrit *assez bien*.

Définition.

Le *surmodificatif* est un mot invariable qui modifie les *modificatifs* et les *surmodificatifs*.

Remarques. 1.° Le surmodificatif peut être remplacé par un relatif suivi d'un nom : Vous agissez *sagement* ou *avec sagesse*.

De ce qu'on peut remplacer le surmodificatif par un relatif suivi d'un nom, doit-on en conclure que ces deux locutions présentent exactement la même signification ? Nous ne le croyons pas. Nous pensons, avec l'abbé Sicard, que le surmodificatif doit être employé de préférence pour exprimer l'habitude, la répétition fréquente des mêmes actes, et qu'on doit se servir du relatif suivi d'un nom pour énoncer une seule action, ou des actions peu fréquentes. Ainsi,

Tel homme qui se conduit *sagement*, ne fait cependant pas toutes ses actions *avec sagesse*.

2.° La plupart des grammairiens donnent le nom d'*adverbe* au surmodificatif. Cette dénomination, à ne considérer même que la place qu'occupe cette espèce de mots, manque de justesse, si ce mot, composé du latin *ad*, auprès, et de *verbum*, verbe, signifie, comme ils l'enseignent, *placé auprès du verbe*, puisqu'il est certain qu'il se trouve presque aussi souvent auprès des

---

(1) *Très* vient du latin *ter*, trois fois. Il s'emploie en français pour rendre l'extensif des Latins et des Grecs. Les Hébreux, qui n'ont pas d'extensifs, répètent trois fois leurs modatifs pour en étendre la signification. C'est ainsi qu'ils disent *saint, saint, saint*. Cette manière de s'exprimer paraît la plus naturelle, puisque c'est celle qu'emploient les enfants. Qu'un enfant veuille, par exemple, dire à sa mère qu'il a vu un homme fort grand, il lui dira que cet homme était *grand, grand, grand*. Il lui semble que l'homme grandit à mesure qu'il répète le mot *grand*.

Certains étymologistes font venir *très* du latin *trans*, au-delà. Cette étymologie ne change pas la valeur de *très*, qui exprime toujours un excès. Ainsi, un homme *très-fort* est un homme dont la force est excessive, dont la force s'étend au-delà de la force ordinaire de l'homme.

modificatifs simples et des surmodificatifs , qu'auprès des verbes , qui sont d'ailleurs , comme on l'a vu , des modificatifs complexes. La dénomination d'*adverbe* est vague et insignifiante , si le mot *verbum* doit être pris dans son sens propre , ainsi que le veut Beauzée , pour signifier *mot* , et non pas *verbe* , comme dans ce passage d'Horace , cité par ce grammairien :

> *Nec* verbum verbo *curabis reddere fidus*
> *interpres.*

Vous ne vous astreindrez pas , traducteur exact , à rendre *mot* pour *mot*.

Hé bien ! nous le demandons au subtil Beauzée , qui s'applaudit de cette explication comme d'une précieuse découverte , quel mot , à moins qu'il ne soit seul , ne se trouve pas nécessairement placé auprès d'un autre mot ? Conçoit-on ce grammairien ait été assez préoccupé de sa prétendue découverte pour n'avoir pas songé à s'adresser cette simple question qui se présente naturellement à tout esprit non prévenu , et qui aurait suffi pour le désenchanter ? Quand cette dénomination , qu'on la prène dans le sens des grammairiens ou dans le sens de Beauzée , ne manquerait pas de justesse dans le premier cas , et ne serait ni vague ni insignifiante dans le second , elle n'en devrait pas moins être bannie du langage grammatical , puisqu'elle a le même défaut que la dénomination de *préposition* ; qu'elle n'indique ni la nature de l'espèce de mots dont nous nous occupons dans ce chapitre , ni le rôle qu'ils remplissent dans le discours.

Chapitre 11.

Du Relatif de pensée , Conjonction des grammairiens.

Parvenu au point où il se trouve maintenant , notre observateur éprouvera sans doute le besoin de constater s'il est enfin arrivé au but qu'il s'est proposé d'atteindre , s'il a réellement complété le tableau de la parole. Pour s'en assurer , il sera forcé de passer en revue les acquisitions qu'il a faites , et de les comparer avec les besoins qu'il éprouve pour exprimer toutes ses idées et toutes ses pensées. Le résultat de cette opération lui fera connaître qu'il a maintenant des mots propres à exprimer les substances , soit réelles , soit abstraites , ainsi qu'à indiquer le rôle qu'elles peuvent remplir dans l'acte de la parole ; qu'il en possède aussi non-seulement pour désigner les différentes espèces de modifications qui peuvent se trouver dans les substances , mais encore pour modifier, pour nuancer les modifications elles-mêmes ; qu'il en possède enfin pour énoncer les rapports qui existent entre les idées. Sa tâche est-elle remplie ? Ses richesses peuvent-elles suffire à ses besoins ? Peut-il actuellement exprimer toutes ses idées , toutes ses pensées avec les nombreux rapports qui existent entre elles ?

Il pourra le croire, d'abord, mais il ne tardera pas à reconnaître qu'il lui manque encore quelque chose ; qu'il a bien, à la vérité, des mots pour indiquer les rapports qui existent entre les idées, mais qu'il n'en a pas pour énoncer ceux qui existent entre les pensées ; que ces derniers rapports existent pourtant aussi réellement que les premiers, et que, par conséquent, leur énonciation est aussi nécessaire. Il faudra donc qu'il se remette encore à l'œuvre pour trouver une nouvelle espèce de mots propres à indiquer les rapports qui existent entre les pensées. Mais cette fois il évitera, s'il le veut, les difficultés qu'il rencontra, et qui suspendirent tout-à-coup sa marche quand il chercha les moyens d'énoncer les rapports qui existent entre les idées ; car il sait maintenant qu'avec un petit nombre de relatifs, qu'il ne put se dispenser d'inventer, il trouva, en les combinant, soit entre eux, soit avec des mots d'une autre espèce, il trouva le moyen d'exprimer tous les rapports possibles. Il est donc très-présumable que, profitant de cette précieuse découverte, il ne songera pas, pour exprimer les rapports qui existent entre les pensées, à inventer des mots nouveaux, opération toujours fort difficile, comme il l'a appris par sa propre expérience, mais qu'il se contentera d'en former avec les mots qu'il connaît, en les combinant convenablement. (Nous ferons voir, à l'appui de notre conjecture, par l'étymologie et l'analyse des relatifs de pensée de la langue française, qu'ils se composent tous de mots précédemment connus, c'est-à-dire de substantifs, de modificatifs, de verbes, de relatifs d'idée et de surmodificatifs.)

Après avoir formé des mots propres à indiquer les rapports qui existent entre les pensées, notre observateur pourra les nommer *relatifs de pensée* ; dénomination qui désignera très-exactement le rôle qu'ils remplissent dans le discours, et qui les distinguera suffisamment des relatifs qui indiquent les rapports qui existent entre les idées, et qu'il a nommés *relatifs d'idée.*

REMARQUE. La plupart des grammairiens admettent le relatif de pensée, et le nomment *conjonction* ou *conjonctif.* Un très-petit nombre de grammairiens, partisans du système binaire, en nient l'existence, ainsi que celle du relatif et du surmodificatif. Les grammairiens qui admettent cet élément de l'art de la parole, sont divisés sur le rôle qu'il remplit. Les uns, à la tête desquels marche l'Académie, prenant le mot *conjonction* dans son acception propre, regardent cette partie du discours comme un lien. Les autres, dont le nombre s'accroît tous les jours, enseignent qu'elle indique un rapport de pensée à pensée.

Nous allons d'abord examiner ces deux opinions ; et nous finirons par discuter les raisons sur lesquelles s'appuient les partisans du système binaire.

A tout seigneur tout honneur : commençons donc par l'Académie. Voici la définition qu'elle donne de la conjonction dans la dernière édition de son dictionnaire :

« Conjonction (1), partie d'oraison qui sert à lier un mot, un
« sens à un autre. Il y a plusieurs sortes de conjonctions. *Et* est
« une conjonction copulative. *Ou* est une conjonction disjonc-
« tive. *Mais* est une conjonction adversative. »

---

(1) De toutes les définitions de la prétendue conjonction, la plus curieuse, sans contredit, est celle que l'écuyer Harris a donnée dans un ouvrage intitulé : *Hermès*, ou *Recherches philosophiques sur la Grammaire universelle*. Le noble écuyer la définit : « A sound significant, devoid of signification, having « at the time a kind of obscure signification, and yet having neither signi- « fication nor no signification, but a middle something between signification « and no signification, sharing the attributes both of signification and no « signification, and linking signification and no signification together. »

Traduction littérale.

« Un son significatif, vide de signification, ayant toutefois une espèce de signification obscure, et cependant n'ayant ni signification ni non-signification, mais un certain milieu entre la signification et la non-signification, partageant les attributs de la signification et de la non-signification, et liant ensemble la signification et la non-signification. »

« Et voilà justement ce qui fait que votre fille est muette. »

Cette définition n'est-elle pas un vrai chef-d'œuvre dans son genre ? N'est-ce pas le *nec plus ultrà* de l'amphigouri et du galimatias ? Certes, l'absurdité comique de Sganarelle, malgré le génie caustique de Molière, ne l'emporte pas sur l'absurdité pédantesque et doctorale de notre écuyer. C'est une justice que nous nous fesons un devoir de lui rendre. Mais, plaisanterie à part, n'est-il pas étonnant qu'un ouvrage aussi ridicule que l'Hermès d'Harris jouisse, grâce à son titre fastueux, d'une grande célébrité en Angleterre, et soit même cité par des savants étrangers comme une autorité décisive et irrécusable.

Le docteur Lowth, dans son introduction à sa grammaire anglaise, termine le pompeux éloge qu'il fait de l'Hermès d'Harris, en disant que c'est le plus beau, le plus parfait modèle d'analyse qui ait été donné depuis Aristote. « The most beautiful and perfect example of analysis, that was been « exibited since the days of Aristotle. »

Lord Monboddo, qui trouve vraiment philosophique le langage de son digne et savant ami, M. Harris, ne craint pas de dire que son Hermès est un ouvrage qui sera lu et admiré tant qu'il restera en Angleterre quelque goût pour la philosophie et le beau style.

« A work that will be read and admired as long as there is any taste « for philosophy and fine writing in Britain. »

En lisant de tels éloges, qui ne croirait qu'il s'agit de l'apparition d'un ouvrage phénoménal, destiné à changer l'état de la science ? Qui pourrait soupçonner que ces éloges sont adressés à l'auteur d'un Traité indigeste, qui s'est avisé d'écrire sur un sujet qu'il ne connaissait pas, ou sur lequel, ce qui revient au même, il n'avait que des idées vagues, obscures et incomplètes ?

La même définition, quant au sens, est donnée par les lexico-graphes et les grammairiens qui regardent la prétendue conjonc-tion comme un lien.

Avant de passer outre, nous ferons remarquer à nos lecteurs que l'Académie, qui enseigne que la conjonction sert à lier, se met en flagrante contradiction, en disant qu'il y a des *conjonc-tions disjonctives*, c'est-à-dire des *liens qui disjoignent, qui séparent*. Enseigner qu'il y a des conjonctions disjonctives (des *mots liants qui disjoignent, qui délient*), n'est-ce pas recon-naître par cela même et le défaut de justesse de la dénomination de cette partie du discours, et le défaut de justesse de la défi-nition qu'on en donne?

La dénomination de *conjonctions adversatives* a le même défaut. En effet, *adversatif* vient du latin *adversus, contraire, opposé*, et de la terminaison *ivus*, signifiant *qui a la force de*. Ainsi une conjonction adversative est une conjonction qui a la force d'exprimer le contraire de ce que les conjonctions expriment ordinairement. Or, suivant l'Académie, les conjonctions servent à lier, et comme la conjonction adversative remplit un rôle opposé au leur, il s'en suit qu'elle doit servir à délier. C'est donc encore une *conjonction disjonctive*.

Quant à la dénomination de *conjonction copulative*, c'est une périssologie passablement ridicule, puisque les mots *conjonction* et *copule* sont ici synonymes, et que *l'un et l'autre* signifient *lien*.

Après cette courte digression, qui ne peut paraître étrangère à notre sujet, voyons si la prétendue conjonction est un lien.

N. B. Quand nous sommes assez heureux pour trouver dans un auteur connu des raisonnements péremptoires en faveur de l'opinion que nous avons embrassée, nous les employons de préférence à nos propres raison-nements qui nous inspirent toujours quelque défiance. Fidèle à notre habi-tude, nous allons donc, pour prouver que la prétendue conjonction ne lie rien, laisser parler M. Augustin Vannier, qui nous semble l'établir de la manière la plus évidente.

« Lorsqu'une première proposition se trouve suivie d'une se-
« conde, cette seconde est liée de fait à la première par cela seul
« qu'on l'exprime après cette première. Il en est des propositions
« comme des mots qui s'y trouvent renfermés, l'un se lie à
« l'autre, sans qu'il soit besoin d'un ciment qui les colle en-
« semble. En disant : *La vérité est une*, chaque mot de cette
« proposition se lie de lui-même avec celui qui le suit. Si les
« mots ne se liaient pas entre eux, il n'y aurait pas de pensée. Si
« cette proposition est toute ma pensée, j'en reste là ; mais si j'ai
« une seconde pensée à émettre, soit pour étendre, restreindre
« ou modifier la première, et que j'y ajoute l'un des mots *et*,
« *ou*, *mais*, qu'en résulte-t-il? un avertissement pour ceux aux-

« quels j'adresse la parole, que ce n'est pas encore là toute ma
« pensée; je les mets ainsi sur la voie d'attendre le reste. A cette
« première proposition, *la vérité est une*, je puis ajouter : *et
« il ne peut y en avoir plusieurs*. Je pourrais même supprimer
« la conjonction, et dire : *La vérité est une, il ne peut y en
« avoir plusieurs ;* et pourtant la seconde proposition n'en serait
« pas moins liée à la première par le seul fait qu'elle vient en-
« suite, et que la pensée embrasse tous les mots qui concourent
« à l'exprimer. Cet ensemble de mots forme un tout indivisible,
« inséparable dans l'esprit de celui qui conçoit cette pensée,
« comme dans l'esprit de celui auquel elle est manifestée ; autre-
« ment il ne l'aurait pas toute entière. La conjonction n'est donc
« pas un lien, puisque les mots se lient d'eux-mêmes ; et il est
« beaucoup plus exact de la considérer comme signe de rapport
« de pensée à pensée. Elle diffère essentiellement de la prépo-
« sition, qui est signe de rapport d'idée à idée, ainsi que le
« reconnaissent les grammairiens modernes.

« Nous conclurons de ce qui précède qu'il n'y a pas de plus
« fausse dénomination que celle de *conjonction*, car on ne peut
« entendre par là que l'état de ce qui est joint. *Conjonctif* eût
« mieux valu dans l'hypothèse que ce mot fût signe de conjonc-
« tion entre deux membres de phrase ; mais on en sent l'inutilité.
« Cependant nous nous en servirons de préférence au premier,
« quand nous aurons occasion de parler de cette partie du dis-
« cours. »

REMARQUE. M. Vanier prouve fort bien, ce nous semble,
1.° que la prétendue conjonction n'est pas un lien ; 2.° qu'il n'y
a pas de plus fausse dénomination que celle de *conjonction ;*
3.° que celle de *conjonctif* ne l'est pas moins, puisqu'elle ne
serait meilleure que dans l'hypothèse où ce mot serait signe
de conjonction entre deux membres de phrase, hypothèse inadmissible d'après les propres raisonnements de ce grammairien.
Conçoit-on qu'après avoir si bien fait connaître le défaut de
justesse de ces deux dénominations, il rejète la première et
adopte la seconde ? Il sait pourtant que rien n'est plus funeste à
l'enseignement que les fausses dénominations, qui sont presque
toujours mères des fausses idées. Ne devait-il pas, puisqu'il pense
que cette partie du discours indique un rapport de pensée à
pensée, lui donner une dénomination propre à exprimer ce rapport, celle, par exemple, de *relatif de pensée* que nous avons
adoptée, et que nous emploierons toujours dans la suite de ce
chapitre.

Nous définirons le relatif de pensée : *Un mot invariable,
signe des rapports qu'on apperçoit entre les pensées ou les
propositions.*

Maintenant qu'il nous paraît bien démontré que les relatifs de pensée ne sont pas des liens, des conjonctions, prouvons qu'ils sont composés de mots antérieurement connus, c'est-à-dire de noms, de *modificatifs simples*, de *relatifs d'idée*, de *surmodificatifs*.

Car, qu'on écrivait autrefois *quar*, vient du latin *quâ re*, *par laquelle chose*, *par laquelle raison*, *par la raison que.*

Soyez soumis aux puissances, *car* les puissances viènent de Dieu.

Soyez soumis aux puissances, *par la raison* que les puissances viènent de Dieu.

Comme est une altération de *comment*. Ce dernier mot vient du latin *quâ mente*, *avec quel esprit*, *de quelle manière*. On dit d'abord *quament*; on fit ensuite un solécisme par euphonie, en écrivant *quoment*, et on finit par écrire *comment*.

> *Comme* nous cependant ces faibles animaux
> Eprouvent la douleur et connaissent les maux.   (DELILLE.)

C'est-à-dire *de la même manière que* nous, ces faibles animaux éprouvent la douleur.

Combien est composé de *comme* (qu'on devrait écrire avec un seul *m*) et de *bien*.

> Si vous saviez *combien* je vous aime!

C'est-à-dire *comment* je vous aime *bien*.

Donc, qu'on écrivait autrefois *donque*, est formé des trois mots latins *de undè quòd* (sous-entendu *venit*), *d'où vient que*, *de là vient que*.

> Vous êtes son fils, *donc* vous êtes son héritier.

Vous êtes son fils, *d'où vient que* ou *de là vient que* vous êtes son héritier.

D'autres font venir *donc* du latin *tunc*, *alors*, ce qui n'en change pas la signification. Vous êtes son fils, *donc* ou *alors* vous êtes son héritier.

Et, du latin *et*, qui vient lui-même du grec *eti*, *de plus*, *encore*, *aussi*, conserve cette signification.

> Nous rions *et* nous chantons.

Nous rions, *de plus* nous chantons; nous rions, nous chantons *aussi*.

Or, qu'on écrivait autrefois *hores*, ensuite *ores*, puis *ore*, et enfin *or*, vient du latin *hora*, et signifie *à cette heure*, *maintenant*.

> Tout homme est mortel, *or* vous êtes homme, donc vous êtes mortel.

C'est-à-dire *à cette heure*, *maintenant*, vous êtes homme, donc vous êtes mortel.

Lorsque est composé de *lors* et de *que*. *Lors* est lui-même

9

composé de *l'* et de *or* que nous venons d'analyser, et signifie *à l'heure*. *Lorsque* signifie donc *à l'heure que.*

Je suis content *lorsque* je vous vois.

C'est-à-dire je suis content *à l'heure que* je vous vois.

Mais vient du latin *magis, plus,* par le simple retranchement du *g,* et s'employait autrefois conformément à son étymologie.

Je n'en puis *mais.*

C'est-à-dire je n'en puis *plus.*

En Normandie, les gens du peuple s'en servent encore dans le même sens. Ils disent, par exemple, il ne m'en faut *mais* que quatre, pour, il ne m'en faut *plus* que quatre.

Néanmoins, composé de *néant* et de *moins,* vient du latin *nihilominus, ne en rien moins,* et signifie *malgré cela.*

Vous me haïssez, *néanmoins* je vous aime.

C'est-à-dire vous me haïssez, *je ne vous aime en rien moins, je ne vous en aime pas moins,* je vous aime *malgré cela,* malgré votre haine.

Ni vient du latin *nec,* altération de *neque,* composé de *ne, non, ne pas,* et de *que, et.*

Je ne le condamne *ni* ne l'absous.

C'est-à-dire je ne le condamne *et* ne l'absous *pas.*

Ou, du latin *aut, autrement,* marque l'alternative, l'option.

Partez *ou* restez.

C'est-à-dire partez, *autrement* restez.

Partant, du latin *per tantum, par une telle chose,* signifie *c'est pourquoi, par conséquent.*

Je vous ai payé, *partant* nous sommes quittes.

Je vous ai payé, *par une telle chose* nous sommes quittes.

Pourtant, du latin *pro tanto, pour une telle chose, pour une si grande chose,* signifie *cependant, néanmoins.*

Que toute la terre s'arme contre la vérité, on n'empêchera *pourtant* pas qu'elle triomphe.

On n'empêchera pas *pour une telle chose, pour une si grande chose,* ou n'empêchera pas *cependant,* néanmoins, qu'elle triomphe.

Puisque est composé de *puis* et de *que. Puis* vient du latin *post,* après. Suivant cette étymologie, *puisque* signifie donc *après que.* Aussi est-ce dans ce sens qu'on le trouve employé dans l'ancien langage.

Puizque (après que) la cité de Saragosse fut prise et vaincue.

(L'Ystoire de li Normant.)

Et *puizque* cellui fut mort. (*Ibid.*)

Après que celui-ci fut mort.

A présent *puisque* signifie *parce que*, *à cause que*, *par la raison que*.

Partez, *puisque* vous le voulez.

Partez, *parce que*, *par la raison que* vous le voulez.

Quand vient du latin *quandò*, et signifie *quel jour*, *en quel temps*.

Faites-moi savoir *quand* vous viendrez.

C'est-à-dire faites-moi savoir *quel jour*, *en quel temps* vous viendrez.

Nous avons fait connaître, Chapitre 6, les deux sortes de *que* de la langue française. Nous invitons à y recourir ceux de nos lecteurs qui auraient oublié nos explications.

Quoique est composé de la réunion des deux mots *quoi* et *que*. Ces deux mots viènent du latin *quamquam*, accusatif féminin de *quisquis*, *quel qu'il soit*, *quelque que*. Ce qualificatif à l'accusatif féminin annonce une grande ellipse ; il suppose en effet un nom auquel il se rapporte, et un mot qui gouverne l'accusatif. Ainsi la construction pleine de cette phrase : *Quamquam pauper*, *contentus vivo*, est : *Secundùm quamquam rationem pauper sim*, *contentus vivo* ; selon quelque proportion que je sois pauvre, je vis content ; de quelque manière que je sois pauvre, je vis content ; quoique je sois pauvre, je vis content.

Si, du latin *sit*, *soit*, signifie *en cas que*, *dans le cas où*.

Vous me ferez plaisir *si* vous venez me voir.

C'est-à-dire vous me ferez plaisir *dans le cas où* vous viendrez me voir.

Sinon, composé de *si* et de *non*, signifie *autrement*, *excepté*, *si ce n'est*.

Faites cela, *sinon* je vous punirai.

Faites cela, *autrement* je vous punirai.

Tout le monde, *sinon* vous, pense ainsi.

Tout le monde, *excepté* vous, pense ainsi.

Ils le regardent, *sinon* comme leur maître, du moins comme leur libérateur.

Ils le regardent, *si ce n'est* comme leur maître, &c.

Soit a la même étymologie que *si*.

Soit instinct, *soit* reconnaissance,
L'homme, par un penchant secret,
Chérit le lieu de sa naissance. (Gresset.)

Que ce soit instinct , *que ce soit* reconnaissance , &c.

Toutefois , composé de *toutes* et de *fois* (ce dernier mot a été substitué au mot *voies* qui était bien plus juste) , signifie *cependant* , *néanmoins*.

> Essayons *toutefois* si par quelque manière
> Nous en viendrons à bout.　　　　(La Fontaine.)

Essayons de *toutes les voies* , essayons *cependant* , *néanmoins* , si , &c.

Passons maintenant à l'examen du système binaire. Lemare donne une liste de nos relatifs d'idée , au nombre de cinquante. Il en recherche l'étymologie , les analyse et finit par conclure que sur ce nombre plus de quarante viènent évidemment de substantifs et de modificatifs , et que l'analogie invite à croire que le très-petit nombre est semblable au très-grand nombre , et que ceux dont l'étymologie ne peut être découverte , viènent aussi de ces deux espèces de mots.

Nous avons reconnu , à la fin du second Chapitre , le fait énoncé par ce grammairien. Nous savons que la plupart de nos relatifs tirent leur origine de substantifs et de modificatifs usités ou inusités. Ce n'est donc pas le fait que nous contestons , puisqu'il est vrai , c'est la conséquence que Lemare en tire , parce que nous croyons qu'elle manque de justesse.

Les explications que nous avons données (Chapitre 9) sur la marche qu'on a dû suivre pour inventer les premiers relatifs , qui sont presque tous des mimologismes , ainsi que Lemare le reconnaît , semblent prouver au contraire que ce sont ces relatifs qui , en se combinant , soit avec eux-mêmes , soit avec des mots déjà connus , ont donné naissance à ces nombreux relatifs dont on découvre si facilement l'étymologie. Dès-lors on ne peut conclure que les premiers , qui sont en très-petit nombre , doivent avoir la même origine que les derniers. Les règles de l'analogie invoquées par Lemare ne peuvent donc recevoir ici aucune application.

Cependant , afin qu'on ne puisse point nous accuser de nous appuyer aussi sur de simples conjectures , supposons , pour un moment , que les relatifs , qui ne révèlent aucune trace de substantifs ou de modificatifs , tirent réellement leur origine de ces deux espèces de mots , et voyons si , dans cette hypothèse , la plus favorable sans contredit au système binaire , ce système ne doit pas encore être rejeté.

Nous pensons que rien n'est plus conforme aux règles d'une saine idéologie , que de classer les mots suivant les diverses sortes d'idées qu'ils expriment ; de reconnaître autant d'espèces de mots qu'il y a d'espèces d'idées à exprimer. Ainsi , prouver que nous avons trois espèces d'idées bien distinctes , c'est prouver que nous devons avoir trois espèces de mots également distinctes. Nous avons démontré (Chapitre 2) qu'il faudrait, pour que nous ne pussions avoir que deux sortes d'idées (des idées de substances et des idées de modifications), supposer chaque être isolé et dans un repos absolu. L'harmonie et le mouvement de la nature font voir clairement que cette supposition est inadmissible. Si donc nous abandonnons cette hypothèse purement imaginaire de l'isolement et du repos absolu des êtres, pour les voir dans leur état naturel, c'est-à-dire dans cette succession continuelle d'action et de repos, nous ne pourrons les considérer dans leurs manières d'être et d'agir entre eux, sans remarquer aussitôt des rapports qui ne font point partie de leurs substances et qui ne les modifient nullement. Nous acquerrons donc de cette manière une nouvelle espèce d'idées bien distinctes, des idées de substances et de modifications. Ces idées d'une nouvelle sorte, ces idées de rapports exigeront nécessairement, pour être exprimées, une nouvelle espèce de mots, une espèce distincte des substantifs et des modificatifs. Nous aurons donc trois sortes d'idées, des idées de substances, des idées de modifications, des idées de rapports, et trois sortes de mots, des substantifs, des modificatifs, des relatifs. Le système binaire, qui n'admet que deux sortes d'idées, et par suite que deux sortes de mots, est donc évidemment contraire aux faits qui se manifestent continuellement et se renouvellent sans cesse. Il doit par conséquent être rejeté et remplacé par le système trinaire, fondé sur l'observation, qui nous révèle l'existence de trois espèces d'idées parfaitement distinctes, et par conséquent, le besoin, la nécessité de trois espèces de mots.

Les raisonnements qui précèdent nous semblent prouver clairement que le système binaire est inadmissible. Nous pourrions donc nous en tenir là, et regarder ce système comme suffisamment réfuté. Cependant, comme il s'agit d'un point de doctrine fort important, d'un système établi et défendu par deux grammairiens justement célèbres, dont l'autorité pourrait balancer nos raisonnements, et laisser encore quelques doutes dans l'esprit de nos lecteurs, nous allons, pour compléter nos démonstrations et pour tâcher de dissiper tous les doutes, nous livrer à l'examen des exemples suivants :

Pierre chante *sous* la treille.
Paul marche *sur* la place.
Charles court *à* la ville.
Louis vient *de* Paris.

Tous les mots qui entrent dans ces quatre exemples, excepté les monosyllabes *sous*, *sur*, *à*, *de*, sont très-faciles à expliquer dans le système binaire, puisque ce sont des substantifs et des modificatifs, seules parties du discours qu'admettent les partisans de ce système. Il n'en est pas de même des monosyllabes précités. Ces quatre tout petits mots, qui le croirait? forment une tour d'airain contre laquelle ce système viendra inévitablement se briser. Comment, en effet, classer ces petits mots rebelles? Est-ce parmi les substantifs? Non assurément, car ils ne sont les noms d'aucune substance. Nos adversaires, pas plus que nous, ne connaissent de substances qui se nomment *sous*, *sur*, *à* ou *de*. Est-ce parmi les modificatifs? Pas davantage, car ils ne modifient aucun des mots exprimés dans ces quatre exemples; ils ne modifient pas non plus des mots ellipsés, puisqu'il est évident qu'il n'y a aucun mot sous-entendu, que ces quatre exemples ne renferment aucune ellipse. Ces mots et ceux qui leur ressemblent ne font donc partie ni des substantifs ni des modificatifs. Ils forment par conséquent une troisième espèce, une espèce à part, une espèce essentiellement distincte des deux seules espèces reconnues par les partisans du système binaire. Ils sapent donc les fondements de ce système.

Si l'on nous demande ce que sont ces mots, qui ne sont ni signes de substances, ni signes de modifications, nous répondrons, comme nous l'avons déjà fait, que ce sont des signes de rapports. C'est ainsi que, dans le premier exemple, *sous* indique le rapport qui se trouve entre Pierre qui chante et l'endroit où il chante; que dans le second exemple, *sur* indique le rapport qui se trouve entre Paul qui marche et le lieu où il marche; que dans le troisième exemple, *à* exprime le rapport qui existe entre Charles qui court et l'endroit où tend sa course; qu'enfin, dans le quatrième exemple, *de* exprime le rapport qui se trouve entre l'action de venir, faite par Louis, et l'endroit où a commencé et d'où part cette action.

Ces exemples et les explications que nous venons de donner nous semblent prouver de nouveau et de la manière la plus évidente qu'il y a des mots qui expriment des idées de rapports, sans pouvoir exprimer aucune idée de substance ou de modification, et qui ne peuvent, par conséquent, être confondus avec les substantifs ou les modificatifs. Ces mots forment donc nécessairement une troisième partie du discours, et renversent ainsi de fond-en-comble le système binaire. Il faut donc renoncer à ce système et le remplacer par le système trinaire; seul admissible, parce qu'il est seul conforme aux faits constatés par l'observation et l'expérience de tous les hommes exempts de préjugés, et qu'il est seul fondé sur l'idéologie qui enseigne qu'on doit avoir autant d'espèces de mots qu'on a d'espèces d'idées distinctes à exprimer. Or, comme il est bien démontré que nous avons trois espèces d'idées très-distinctes : des idées de substances, des idées de modifications et des idées de rapports, nous devons avoir, et nous avons effectivement, trois espèces de mots pour

les exprimer, savoir : des substantifs, des modificatifs et des
relatifs.

Ainsi, comme on vient de le voir, en nous prêtant aux idées
de nos adversaires, en admettant que tous les relatifs viènent
primitivement de substantifs ou de modificatifs, nous n'en dé-
montrons pas moins facilement l'impossibilité de leur système.
En effet, ces substantifs et ces modificatifs n'ont pu être con-
sacrés à exprimer des idées de rapports sans cesser d'exprimer
des idées de substances et de modifications, sans cesser par conséquent d'être des substantifs et des modificatifs, sans former
enfin une nouvelle espèce de mots.

Concluons donc de cette discussion qu'il reste bien démontré
que nous avons trois sortes d'idées principales (nous ne nous
occupons pas ici des sous-classes), des idées de substances, des
idées de modifications, des idées de rapports, et que les mots
qui les expriment se divisent aussi en trois sortes principales
(qui peuvent aussi se subdiviser), savoir : en substantifs, en
modificatifs et en relatifs. N'oublions jamais que l'idéologie, d'accord avec la raison, nous enseigne que nous devons classer les
mots suivant l'espèce d'idées que chaque mot exprime, sans nous
inquiéter de son étymologie, sans chercher à découvrir d'où il
vient, que c'est là et là seulement qu'on peut dire avec Martine :

Ma foi !

Qu'il viène de Chaillot, d'Auteuil ou de Pontoise,
Cela ne me fait rien.   (MOLIÈRE.)

Imaginé par le célèbre Horne-Tooke, ingénieusement défendu
par le savant Lemare, le système binaire, grâce à ces deux noms
imposants, ne devait pas être jugé légèrement. L'autorité de
Lemare, respectable pour tous ceux qui s'occupent de l'art de la
parole, l'est surtout pour nous, qui devons tant à cet habile
grammairien, dont les savants écrits nous ont inspiré le dessein
que nous réalisons dans ce traité, et nous ont fourni en grande
partie, nous aimons à le dire, les moyens de l'exécuter. Aussi
n'est ce qu'après un long et mûr examen que nous nous sommes
décidé à combattre ce système qui est si séduisant au premier
abord, si simple, si naturel en apparence ; mais qui n'est en
réalité qu'une brillante chimère, inadmissible dans l'enseignement qui ne doit se composer que de vérités. Malgré notre estime
pour ces deux grammairiens célèbres, dès que nous avons été
convaincu de la fausseté de leur système, nous n'avons pas balancé
un instant à le réfuter. Nous les respectons infiniment, mais nous
leur préférerons toujours la vérité, divinité au culte de laquelle
nous nous sommes entièrement consacré.

FIN.

Table des Matières.

ERRATA.

Page 22, ligne 25, effacez les mots : *A l'exception de* JE, qui ont été imprimés par erreur ; car cette exception n'existe pas. Ce personnatif, qui s'écrivait dans l'ancien français, *jeo*, *jo*, vient du latin *ego*, par le retranchement de l'*e* initial, et l'adoucissement du son *g*.

E *jeo* vis un angel, et *jeo* alai al angel.   (*Traduction de l'Apocalypse.*)
Et je vis un ange, et j'allai à l'ange.

Li sires dit à me : Tu ies li miens filz, *jo* hui engendrai tei.
                         (*Traduction des Psaumes.*)
Le Seigneur me dit : Tu es mon fils, je t'ai engendré aujourd'hui.

Page 52, ligne 31, au lieu de *application*, lisez *explication*.
Page 54, ligne 34, mettez une virgule après le mot *tend*

FALAISE. imprimerie de LEVAVASSEUR. 1842.

www.ingramcontent.com/pod-product-compliance
Lightning Source LLC
Chambersburg PA
CBHW070901280326
41934CB00008B/1531